数字图书馆的
建设与阅读推广的创新研究

胡晶晶　著

吉林科学技术出版社

图书在版编目（CIP）数据

数字图书馆的建设与阅读推广的创新研究 / 胡晶晶
著 . -- 长春：吉林科学技术出版社，2021.7（2023.4重印）
ISBN 978-7-5578-8423-9

Ⅰ. ①数… Ⅱ. ①胡… Ⅲ. ①数字图书馆－图书馆工
作－研究 Ⅳ. ① G250.76

中国版本图书馆 CIP 数据核字（2021）第 150237 号

数字图书馆的建设与阅读推广的创新研究

著　者	胡晶晶	
出 版 人	宛　霞	
责任编辑	隋云平	
封面设计	李　宝	
制　版	宝莲洪图	
幅面尺寸	185mm×260mm	
开　本	16	
字　数	220 千字	
印　张	10	
版　次	2021 年 7 月第 1 版	
印　次	2023 年 4 月第 2 次印刷	
出　版	吉林科学技术出版社	
发　行	吉林科学技术出版社	
地　址	长春净月高新区福祉大路 5788 号出版大厦 A 座	
邮　编	130118	

发行部电话 / 传真　0431—81629529　　81629530　　81629531
　　　　　　　　　　　 81629532　　81629533　　81629534

储运部电话　0431—86059116

编辑部电话　0431—81629520

印　刷	北京宝莲鸿图科技有限公司	
书　号	ISBN 978-7-5578-8423-9	
定　价	50.00 元	

前　言

　　随着网络时代的发展，人们已经不满足于从纸质资源上获取信息，从网络上获取信息的需求越来越大，因此，图书馆数字资源建设也迫在眉睫。

　　数字资源相对传统的纸质资源而言，具有其独特的优势，首先，数字资源不会受限于图书馆的建筑规模大小，数字资源建设是基于局域网、互联网的网络平台，只需要将数字信息存储在数字存储媒介上即可，可以大大丰富图书馆馆藏；其次，传统纸质资源的管理，不仅需要耗费大量的人力物力，还会有大量的出错率，且效率较低，无法快速地完成图书的更新，数字资源可以实现信息的高效快捷地更新与更改；最后，数字资源的获取方便，打破了时间和空间的限制，读者可以随时随地的获取自己所需的文献信息。

　　建设图书馆数字资源已成为每个图书馆重中之重的任务，未来的图书馆将不再是传统意义上的藏书阁，它代表着文化与信息技术的融合，将成为新形式的文化传播场所，为人们的文化生活带来全新的体验。

　　图书馆数字资源的建设与阅读推广活动任重道远，一方面，图书馆既要做好数字资源的建设，加强数字资源与传统阅读相结合，对数字资源进行相应的管理与检索平台的搭建。另一方面，还要对阅读推广方式推陈出新，借助新媒体等网络平台，与读者形成线上线下积极友好的互动模式，图书管理人员也要相应的提高自身的检索与服务能力，完善对读者的服务态度，充分利用现有的数字资源，提高数字资源的利用率，这样传统与数字资源的相互渗透，为读者搭建全方位立体式空间阅读，营造良好的数字化阅读环境，激发读者的阅读兴趣，培养读者良好的阅读习惯，进而实现全民阅读的新形势，新发展，新气象。

目　录

第一章　数字图书馆理论基础

随着当代信息技术的飞速发展，以印刷型书刊资料为主要载体的传统图书馆逐渐难以适应信息社会不断增长的信息需求，信息量的激增、信息传输速度的提升以及信息利用的网络化要求图书馆调整自身的馆藏结构和服务方式，这就促使数字图书馆的出现。

数字图书馆的概念最早可以追溯到 1975 年克里斯提在《电子图书馆：书目数据库 1975—1976》一书中提出的电子图书馆（Electronic Library），现在一般认为电子图书馆是数字图书馆的早期提法，1992 年以前大多使用"电子图书馆"，1992—1994 年间，这两个概念并行使用，1994 年以后多用"数字图书馆"。

1994 年 9 月，美国国家科学基金会等单位正式启动实施一项为期四年、耗资 2440 万美元联合发起的"数字图书馆创始工程"（Digital Library Initiative，简称 DLI，或译为"数字图书馆先导项目"），可以视为数字图书馆从概念走向实践的开端。由卡内基·梅隆大学、斯坦福大学、密歇根大学、加州大学伯克利分校、加州大学圣·巴巴拉分校、伊利诺依大学等六所著名大学进行的这项"数字图书馆创始"实验开创了数字图书馆时代。

随后，数字图书馆建设热潮席卷全世界。1997 年以后，中国图书馆学界也掀起了研究数字图书馆的浪潮。1997 年 7 月，由国家图书馆、上海图书馆、南京图书馆、中山图书馆、深圳图书馆、辽宁图书馆以及原文化部文化科技开发中心联合承担的"中国实验型数字式图书馆"项目经国家计委批准立项，成为国家重点科技项目，标志着中国数字图书馆建设拉开序幕。

尽管数字图书馆已经成为图书馆学界的一个研究热点，然而关于"数字图书馆"却至今未有公认的定义，也缺乏公认的基础理论。下面是根据教学需要而建立的一个理论系统。

第一节　数字图书馆的定义

关于数字图书馆的定义，国内外众说纷纭，这里提供一些有代表性的观点，主要包括国外以研究图书馆协会（ARL）、美国数字图书馆联盟（DLF）和美国数字图书馆问题研究方面的专家为代表的观点，以及国内部分学者为代表的观点。

一、国内外代表性定义

研究图书馆协会是由美国、加拿大的 121 个主要学术图书馆组成的一个专业协会，以每年公布 ARL 统计报告闻名。该协会于 1995 年 10 月给出了一个要素列举式的数字图书馆定义：

数字图书馆不是一个单一的实体。

数字图书馆需要链接许多信息资源的技术。

多个数字图书馆及信息机构之间的连接对最终用户透明。

全球范围存取数字图书馆与信息服务是一个目标。

数字图书馆的收藏并不局限于文献的数字化替代品，还扩展到不能以印刷形式表示或传播的数字化人造品。

数字图书馆联盟是由美国一些著名大学和重要图书馆联合成立的数字图书馆学术组织，数字图书馆联盟于 1998 年提出的数字图书馆定义是：数字图书馆是一个拥有专业人员等相关资源的组织，该组织对数字式资源进行挑选、组织、提供智能化存取、解译、传播、保持其完整性和永存性等工作，进而使得这些数字式资源能够快速且经济地被特定的用户或群体所利用。这一定义将数字图书馆规定为一种具有特定功能的组织机构，同时强调了数字式资源是数字图书馆的核心。

美国数字图书馆专家认为，数字图书馆是具有服务功能的整理过的信息收藏，其中信息以数字化格式存储并可通过网络存取。该定义的关键在于信息是整理过的。这一定义将数字图书馆界定为一种信息收藏，兼顾了数字式资源和网络服务，并强调了数字图书馆信息管理的简洁性和综合性较好。而国内对于数字图书馆的认识也首先体现在定义问题上。

例如，数字图书馆是以电子格式去存储海量的多媒体信息并能对这些信息资源进行高效的操作，如插入、删除、修改、检索、提供访问接口的信息保护等。这是一个强调技术的数字图书馆定义。

再如，可以给数字图书馆下一个比较宽泛的定义：数字图书馆是社会信息基础结构中信息资源的基本组织形式，这一形式满足分布式面向对象的信息查询需要。

其中"分布式"和"面向对象"的含义可以简单地理解为前者指跨图书馆（跨地域）和跨物理形态的查询，后者指不仅要查到线索（在哪个图书馆），还要直接获得要查的东西（对象）。这个定义是说目前的图书馆是社会信息资源的一种主要组织形式，满足了人们借阅书刊等基本信息的需要。这是一个在传统图书馆与数字图书馆相互参照的前提下提出的数字图书馆定义，具有一定的综合性。

有关数字图书馆的定义还有：

数字图书馆是图书馆在线服务系统。

数字图书馆是以数字形式存储和处理信息的图书馆。

数字图书馆是以数字形式提供信息服务的机构或组织。

　　数字图书馆是指图书馆所有的工作流程都基于计算机，而且馆藏资源都实现了数字化。

　　数字图书馆就是图书馆馆藏实现数字化管理，并提供上网服务，供读者随时随地查阅。

　　数字图书馆是指通过多种技术将各种文献数字化，并将其组织起来在网上提供信息服务的信息中心或数据库。

　　数字图书馆实际就是人们所说的电子图书馆、虚拟图书馆、无墙图书馆，不同的称谓只是人们从不同的角度描述数字图书馆的特征。

　　数字图书馆是一个数字化系统。它将分散于不同载体、不同地理位置的信息资源以数字化的形式储存，以网络化的方式互相连接，提供即时利用，实现资源共享，其核心是数字化和网络化，其实质则是形成有序的信息空间。

　　数字图书馆是一个大系统，它拥有分布的、大规模的和有组织的数据库和知识库，用户或用户团体可对系统内的数据库和知识库进行一致性的访问，进而获得自己所需的最终信息。

　　数字图书馆能够为国家信息基础设施提供关键性的信息管理技术，同时提供主要的信息源和资源库。换言之，数字图书馆是国家信息基础设施的核心。

　　数字图书馆一般而言，是指利用当今先进的数字化技术，通过计算机网络，使人数众多且又处在不同地理位置的用户能够方便地利用图书馆资源。所谓数字图书馆，就是对有价值的图像、文本、语音、影视、软件和科学数据等多媒体信息进行收集、组织和规范再加工，通过网络提供高速横向跨库连接的多媒体信息存取服务，促进社会各类信息高效、经济地传递，进而极大地方便人们的学习、交流和生活。

　　值得注意的是，数字图书馆与传统图书馆有着不可分割的联系。传统图书馆是数字化时代前人类社会知识文化的信息中心，数字图书馆虽然可以把传统图书馆中各种载体的文献信息内容数字化，但不能替代文献载体本身，也不能提供传统图书馆特有的阅览环境等。数字图书馆不仅要选择性地对已有的文献资源进行数字化，而且要处理新生的数字信息资源并开辟利用图书馆的新渠道、新方式和新技术。因此，没有必要摆脱传统图书馆而去另建新的数字图书馆，传统图书馆是数字图书馆的基础，数字图书馆是传统图书馆的发展，二者相互结合，构成混合图书馆。

二、数字图书馆特征

　　笼统地讨论数字图书馆的定义很难全面系统了解数字图书馆，然而若抓住数字图书馆的特征，也就掌握了数字图书馆的本质，进而获得更加全面和准确的数字图书馆定义。而数字资源、网络服务和特色技术是数字图书馆最主要的三大特征。

（一）数字资源

　　数字资源是指图书馆中所有数字形式的信息资源，包括经过数字化转换的文献或本来就是以数字形式出版的信息。这些数字资源是数字图书馆的"物质"基础，也是数字图书馆有别于传统图书馆的一大特征。数字资源从类型来看，包括期刊、图书、工具书、视频资料、声频资料等；从文件格式来看，包括从位图形式的页面到经 SGML 编码的特殊文本文件，也有 CD-ROM 中的信息或本地局域网中的资源等。能同时处理多媒体化的数字资源是数字图书馆在技术上的一个典型特征。尽管数字图书馆的目的是直接提供读者所需的最终信息，而不只是二次文献，但也需要书目数据、索引文摘等二次文献，因此，二次文献也是数字图书馆数字资源的一种类型。

（二）网络服务

高速数字通信网络是数字图书馆得以存在的基础。数字图书馆的对内业务组织和对外服务都是通过网络进行，网络是数字图书馆的生命线。基于网络运行的数字图书馆只有通过网络才能提供服务，这也是数字图书馆不同于传统图书馆的一大特征。没有网络，也就没有数字图书馆；网络中断，数字图书馆的服务也会随之中止。因此，保证网络通畅是数字图书馆运行的关键。

测量网络性能的主要指标是带宽，承载多媒体信息的带宽要求最好在 Gbps（1000 Mbps）量级以上，也就是通常所说的千兆网或宽带网。网络技术发展很快，当前网络技术支持的带宽正向 Tbps（1000 Gbps）量级扩展。

（三）特色技术

数字图书馆除采用通用计算机技术和网络技术外，还有自己的特色技术，这是数字图书馆有别于其他技术领域的特征。现有特色技术包括分布式资源与运行管理技术、海量信息存储与组织技术、多媒体信息标引与检索技术等，建立特色技术的国际标准是数字图书馆建设的重要内容之一。

标准的重要性不言而喻，众所周知，有了全球共同遵循的传输控协议 / 网际协议（TCP/IP）协议，才有互联网的今天。数字图书馆技术也需要一套公认的标准，积极参与数字图书馆技术标准的选择和制订对中国发展数字图书馆至关重要。当前，在数字图书馆研究与建设方面，中国拥有与西方发达国家站在同一起跑线上的机会和不相上下的技术水准，这对参与国际数字图书馆技术标准的制订极为有利。

三、基于数字图书馆特征的数字图书馆定义

在明确数字图书馆的数字资源、网络服务和特色技术三大特征基础上，可以将数字图书馆定义为：数字图书馆是同时具备数字资源、网络服务和特色技术三大特征的图书馆。也就是说，拥有数字资源、实行网络服务和具备特色技术的图书馆就是数字图书馆。

此外，有必要区分电子图书馆、网上图书馆、虚拟图书馆等几个与数字图书馆相关的概念。许多文章把这些概念当作同义词，但有必要区分其不同的侧重点，这对深入研究数字图书馆有一定意义。

电子图书馆：收藏品多为光盘、磁盘等有形载体，通常通过单一计算机阅读或存取，不强调提供网上信息或网络服务。

网上图书馆：将一定量的信息通过网页组织起来供用户查阅和检索。网上图书馆可以没有对应的图书馆实体，其内容可以作为数字图书馆的组成部分。

虚拟图书馆：是网上图书馆的集合，在网上才能存在，不拥有实体性的数字资源，一般通用网络技术就能构造，而不必采用特色技术，可作为数字图书馆的延伸。因此，我们应当注意将传统的图书馆服务搬到网上并不就是数字图书馆，而将馆藏资源进行大规模数字化后也不一定是数字图书馆。数字图书馆就是要用特色技术将数字资源组织起来并提供网络服务，数字资源、网络服务和特色技术三大特征缺一不可。在传统图书馆的基础上可以发展出数字图书馆，数字图书馆往往拥有传统实体图书馆作为后盾，但数字图书馆并不是要取代传统图书馆。

定义问题的讨论向来比较学究气，然而数字图书馆研究不可避免会涉及基本概念的定义问题。基本概念是研究和立论的基础，一个新的概念可能带来一个新学科或新研究领域的诞生；基本概念也是基础理论和研究工作的基石，故，讨论数字图书馆的定义是必要和重要的。

第二节 数字图书馆的理论结构

既然数字资源、网络服务和特色技术是数字图书馆的主要特征和理论核心，那么数字图书馆的理论框架可由数字资源、网络服务和支持技术构成。

一、数字资源

数字图书馆中的数字资源有以下两大来源：

（一）印刷资源的数字化

对于版权已过期的图书、文献、资料，可以采用扫描、光学字符识别（OCR）等处理技术进行数字化，进而形成数字资源的基础部分，这类资源以经典著作和古代文献为主。

（二）原生数字资源

除将已有的文献信息资源数字化外，现在原生数字信息资源已经越来越多，尤其是学位论文、技术报告、会议记录等。而且，现在出版业已经实现数字技术处理，图书、期刊的出版都是先有数字化版本，再生成印刷本。因此，作为信息资源主体的传统图书、期刊正在被数字图书、数字期刊所代替，原生数字资源正逐步成为数字资源的主体。

二、网络服务

在数字图书馆数字资源、网络服务和特色技术结构框架下，数字图书馆的网络服务模式可以分成被动服务和主动服务两类。

（一）被动服务

既然社会为建设数字图书馆投入了大量人力、物力和财力，那么不管是否情愿，数字图书馆都责无旁贷要提供服务，这就是被动服务。然而，被动服务也是数字图书馆网络服务的基础方式，其特点是不考虑用户的个别要求，具体实现形式一般是采用无交互网站模式。

无交互网站作为数字图书馆被动服务的主流模式，是一种单向信息传递模式。在这样的模式中，数字图书馆将数字资源以网页形式和数据库形式"放置"在网络上，用户自己"取用"。数字图书馆除在网页上提供使用指南信息外，不再提供附加服务，服务形式对所有用户千篇一律，系统处于主动地位，用户处于被动地位，信息从资源到用户单向流动。显然这是最初级的网络服务模式。

改善被动服务的技术方法是通过纯粹电子邮件或网络表单方式向用户提供附加信息资源或解答用户提问，这是最简单的被动服务改良模式，可以为用户提供便捷、经济的通信渠道。

纯粹电子邮件方式只要在数字图书馆主页上设置图书馆员的电子邮箱地址链接就能做到。用户可以通过电子邮件将问题发送给相应图书馆员，图书馆员再以电子邮件方式将答案发送给用户，构建一种单向延时服务模式。这种方式所要求的技术含量并不很高，因此很容易实现，对于技术条件有限、不能主动服务的数字图书馆来说不失为一种简单易行的改良被动服务方式。

网络表单方式是电子邮件改良被动服务在网络上的再现，它要求用户填写一个网络表单，然后通过后台电子邮件将该表单发送给图书馆员，图书馆员在规定的时间内，用电子邮件或电话答复用户，这是被动服务向主动服务转化的一种中间模式。

（二）主动服务

主动服务是数字图书馆网络服务的高级方式，其特点是考虑用户的个别要求，具体实现形式一般是通过交互式网站形式。

交互式网站形式具体可分为双向交互问答模式和个性化信息推送模式，其中 My Library（数字图书馆的个性化服务）技术正在成为主流。

1.双向交互问答模式

在这样的模式中，数字图书馆可以根据用户的请求组织资源，服务形式根据用户需求变化，系统和用户处于同等地位，信息在系统和用户之间双向交流。该模式在技术上可以通过 Chat（网上聊天室）形式实现。

Chat 形式即在线聊天形式，是一种实时交互式服务，起源于 1999 年美国宾夕法尼亚大学商学院采用聊天软件 Live Person 提供实时信息咨询。该软件类似可设置的私密聊天室，可装载于图书馆或第三方服务器上，并在图书馆主页上设置进入链接点。

2. 个性化信息推送模式

在这样的模式中，用户可以根据自己的需求和爱好自行设计数字图书馆界面并定制数字图书馆资源，用户处于主动地位，数字图书馆系统居于从属地位，数字图书馆只是在技术上按照用户的个性化需求定制并主动推送信息。实现个性化信息推送模式的现有途径是 My Library 技术。利用该技术，用户可以设计个性化的数字图书馆，制作适合自己需要的熟悉界面；数字图书馆则根据用户定制去组织并推送数字资源，将用户选定的专题资源定期主动提供给相应用户，真正实现了资源、技术与服务的密切结合和良好配置。因此，My Library 技术是目前实现个性化信息推送模式的主流技术。

从单向信息传递模式到个性化信息推送模式，一方面体现了技术的进步，另一方面也越来越多地将控制权和主动权交给用户，用户技术和应用水平越高，使用效果就越好。同时，资源管理方也应重视对数字资源的整合和对操作方法的优化，使数字图书馆的网络服务具有保障。

三、支持技术

无论是数字资源，还是网络服务，都需要支持技术。数字图书馆涉及的技术包括通用信息技术和专用创新技术，即特色技术。

（一）通用信息技术

建设数字图书馆所需的通用信息技术主要是计算机技术、网络技术和信息安全技术。当前，计算机技术、网络技术和信息安全技术都在高速动态发展之中，每项技术突破都可能变革数字图书馆技术。

（二）专用创新技术——特色技术

建设数字图书馆所需的专用创新技术涉及数字信息处理与加工技术、海量信息存储与组织技术、分布式资源与运行管理技术、多媒体信息标引与检索技术、信息挖掘技术、个性化信息定制与发布技术、信息可视化与读者界面技术、信息安全技术、数字权益管理技术等，其中数字信息处理与加工技术、海量信息存储与组织技术、多媒体信息标引与检索技术、分布式资源与运行管理技术、个性化信息定制与发布技术等对于数字图书馆都非常重要。

技术不仅是数字图书馆的重要支柱，而且是联系资源与服务的纽带。在数字图书馆的资源处理和网络服务各方面都不能缺少技术支持。

第三节 数字图书馆与图书馆自动化的关系

数字图书馆理论涉及的另一个问题是数字图书馆与图书馆自动化的关系。对此，有学者提出图书馆自动化系统发展的"三阶段说"，认为图书馆自动化系统发展的第一阶段是以单一图书馆计算机管理系统为标志的初级阶段；第二阶段是以网络化为标志的电子文献服务阶段；第三阶段就是以数字图书馆为标志的高级阶段。数字图书馆的研究和发展将形成数字图书馆的三种主流模式：特种馆藏型模式、服务主导型模式和商用文献型模式。其中服务主导型数字图书馆的体系结构以三种主要数字资源（即图书馆本身的数字化特种馆藏，商用的网上联机电子出版物或数据库，在互联网上有用的文献信息资源）为基础，由统一信息访问平台、网上参考咨询平台为两翼组成。统一信息访问平台主要解决异构平台的信息资源检索，向用户提供方便检索的统一界面，提供不同数字图书馆的互操作；网上参考咨询平台主要解决用户在访问数字图书馆时的疑问。这两个平台对一个实用的数字图书馆来说是不可缺少的，在系统结构上有些是相互渗透的。

回顾图书馆自动化的发展历程，可以发现，图书馆自动化一直强调目录、索引等书目信息，以及检索工具编制和使用的计算机化，并不强调图书馆馆藏图书、期刊及其他类型文献本身的存储、管理、检索和使用的计算机化。书目工具是有助于确定馆藏的，既然书目工具已经实现计算机化，那么，按照图书馆自动化发展阶段的逻辑顺序，下一步就应当是馆藏存储和检索的计算机化，即数字化，而这正是数字图书馆的一个重要特点。从这个意义上说，数字图书馆是图书馆自动化的高级阶段。

我们认为数字图书馆与图书馆自动化系统的总体关系是：图书馆自动化是数字图书馆的基础之一，数字图书馆中的数字化书目信息就来源于图书馆自动化系统，尽管图书馆自动化系统在资源和技术上对当今数字图书馆体系贡献不多，但实现图书馆自动化是建设数字图书馆的必经阶段。图书馆自动化是在传统图书馆理论框架下应用计算机技术来改善图书馆服务与管理，而数字图书馆却是在理论与技术上超越传统图书馆的新发展，其意义和影响将更加深远。

总之，数字图书馆的出现和发展动力并不完全是源自图书馆自身，而更多的是信息化社会不断发展和推动的结果。图书馆学界应该利用数字图书馆的发展契机加快图书馆事业的发展步伐。虽然对于数字图书馆的认识还很不一致，但数字化对图书馆的深刻影响却是事实，数字图书馆是图书馆发展的一种必然趋势，必将成为新时代图书馆事业发展的主旋律之一。因此，建立在数字资源基础之上、靠技术支持运行、通过网络提供服务的数字图书馆将具有丰富的研究内容和广阔的发展前景。

第二章　数字图书馆建设发展

第一节　建设数字图书馆的作用和意义

数字图书馆作为以知识概念体系为支撑的一种信息服务与知识服务环境，是社会信息基础设施的重要组成部分，是未来社会的公共信息中心和枢纽。它将根本改变因特网上信息分散、不便使用的现状，为用户提供高质量、专业化、个性化的信息服务与知识服务。数字图书馆具有明显的跨学科特征，它涉及计算机技术、网络通信、信息管理、教育、经济、法律等诸多学科领域。数字图书馆的兴起和发展标志着因特网已逐步跨越以技术为中心的发展阶段，迈向了科学交流、艺术创造、文化传播、经济发展、知识管理等人类活动领域。

一、数字图书馆与知识经济发展

当前，世界已经步入知识经济时代，知识成为生产力的核心要素，知识和信息成为国际竞争和全球知识经济的关键驱动因素。知识的获取、交流与创新能力是提升社会生产力的重要因素。数字图书馆作为信息与知识的一种有效组织形式，将极大地提高人们的知识获取能力与组织的知识创新能力，有助于国家知识创新体系的实现。因此，数字图书馆将从根本上促进全球知识经济的发展。

二、数字图书馆与国家信息化建设

信息化是我国加快实现工业化和现代化的必然选择。国家信息基础设施是我国迅速提高知识创新能力和国民素质，尽快缩小与发达国家差距，实现跨越式发展的重要途径，是应对知识经济和全球经济一体化趋势的保障。数字图书馆具有对信息和知识的全新组织、通过网络对用户提供广泛服务的明显特征，因此，是国家信息基础设施的重要组成部分。数字图书馆使得人们可以跨越时空限制，获取需要的知识与信息，这将为填平我国与发达国家的数字鸿沟，缩短国内东西部地区间发展的差距做出重要贡献。

三、数字图书馆与先进文化建设

建设数字图书馆是落实江泽民同志"努力掌握和发展各种现代传播手段，积极推动先进文化的传播"指示精神的重要举措。中国数字图书馆建设的核心是建设我国以中文信息为主的知识资源及文化资源，以扭转目前因特网上中文信息匮乏的状况，向全世界充分展示我国优秀的传统文化和社会主义建设的伟大成就，形成中华文化在因特网上的整体优势，进而有力地抵御外来消极文化的影响，促进中华文化向全世界的传播，提升民族的生命力、创造力和凝聚力。

四、数字图书馆与全民终身教育

图书馆历来是国家教育体系的重要组成部分，数字图书馆所提供的专业化、个性化、网络化的知识与信息服务，将营造出全民终身教育的良好环境，有助于逐步形成社会化的终身教育体系，对于提高我国国民素质，增强公民的信息素养与知识获取能力，加强社会主义精神文明建设，推进学习型社会的形成，实施"科教兴国"战略将起到巨大的推动作用。

第二节　数字图书馆建设全业务流程

信息资源是图书馆开展服务的基础与前提，是图书馆赖以生存的必要条件。传统图书馆的业务流程可以概括为采编阅藏，数字图书馆的业务流程实际上也可以归纳为采编阅藏，只是贯穿数字图书馆业务流程的信息资源是数字资源，数字图书馆的建设与服务主要围绕数字资源的生命周期展开。

一、采——数字资源的采集加工

（一）数字图书馆信息资源建设

数字图书馆资源是指图书馆以数字形式发布、存取和利用的信息资源的总称。数字资源的生命周期是指数字信息资源从生产到消亡的自然运动过程，可以描述为数字资源的产生、数字资源的采集、数字资源的组织、数字资源的传播与利用以及数字资源的长期保存。数字图书馆资源建设是指对信息资源进行选择、采集、组织和管理，促使之形成可利用的数字资源体系的过程。

（二）数字图书馆资源建设形式

传统文献的采集主要通过接受缴送、购买、交换、受赠、征集、接受调拨、复制等方式采访文献。数字资源的采集途径也很多，主要包括采购、数字化加工、网络资源采集、网络资源导航、专题资源库建设、受缴、受赠和交换等，这些方式可以在数字资源建设工作中并存。

1. 采购

主要是指商业数据库的采购，是指通过购买方式从本馆以外的权利人（包括团体和个人）处获得数据库资源的使用权或保存权。

2. 自主建设

根据馆藏资源情况及服务对象的需求，有选择地分期、分批进行馆藏特色资源数字化和专题资源库建设。通常将图书馆建设的馆藏书目数据库、专题特色数据库和有效组织的网络资源统称为自建资源。自主建设数字资源还包括数字展览、在线讲座等原生数字资源。

在自主建设数字资源的各个环节务必严格遵守资源建设标准规范，这不仅有利于数字资源的用户发现和传递，提高其可用性，而且更能满足广域的资源共享和增值应用的需求。

3. 网络资源采集

网络资源采集是指利用网络爬虫对指定的域名和网页进行自动采集，进而获得网络信息资源的过程。对于有能力进行网络资源采集的图书馆，应结合用户需求，确定采集策略、采集主题、采集范围等，进行有重点地采集。

4. 合作建设

在平等互惠的原则下，图书馆与图书馆之间，图书馆与有关机构如档案馆、博物馆、科研机构、企业等之间，进行数字资源的共建与共享，包括资源交换、委托加工等。此外，接受缴送和赠送也是信息资源的获取途径之一。

（三）数字图书馆资源建设原则

我国各级图书馆开展数字资源建设已经二十余年，积累了大量的数字化产品、专题库，也形成了大量的商业数据库。总结国内图书馆开展数字资源建设的实践，我们认为数字图书馆资源建设应该重点考虑如下原则：

1. 整体性与系统性原则

数字图书馆数字资源与传统载体资源共同构成了图书馆的馆藏文献信息资源，图书馆应注重对这两种资源的整合，构建多种载体、多种类型、分散异构的信息资源有机结合的、效能更好、效率更高的新的信息资源体系。同时应该注重资源建设内容的完整性和连续性，形成有重点、有层次、各类型资源比例适当的数字资源体系。

2. 实用性和效益性原则

数字资源建设应该从图书馆的职能定位和用户的实际需求出发，最大限度地满足社会信息需求；同时根据各馆具体实际情况，统筹考虑采购方式、许可模式、许可期限、元数据、保存期限等诸多因素，达到效益最大化。

3. 共建共享原则

在各级各类图书馆大量建设的今天，在遵循数字资源建设的效益性原则、保障性原则等方面的同时，应该考虑开展跨地域、跨系统的数字资源合作建设，建立优势互补、联合共享的数字资源保障体系。

二、编——数字资源组织与整合

在数字资源急速增长的今天，图书馆需要对海量数字资源进行有效整合，便于用户使用。

（一）数字资源描述体系

资源描述体系图书馆资源组织中最重要的部分，就目前我们身处的这个信息资源大爆炸的社会来说，我们缺少的不是资源，而是能更好地满足用户需求的资源。这就要求如何把数字资源更好地组织与描述出来，能让读者便于找到自己需求的信息资源。

目前，图书馆最基本的资源描述体系包括以下 3 种。

1. 以 MARC 格式为基础的编目体系

就目前来说各馆对各种文献信息资源主要有两种最基本的 MARC 编目格式，西文文献资源主要使用 MARC21 格式，中文文献资源则使用 CNMARC 格式。

2. 以 Dublin Core 为基础的元数据应用体系

建立 DC 元数据的目的是建立一套描述网络电子文献的方法，以便于网络信息检索。DC 元数据是由 15 个元素构成的、使用稳定的核心元数据集，可以描述大部分的资源。

3. 以其他形式的元数据为辅的元数据应用体系

随着数字资源的发展，元数据标准呈现多元化的发展趋势，除了 DC 元数据以外，国内外针对不同领域、不同资源、不同应用已有多种元数据规范存在。

（二）数字资源整合

海量数字资源的大环境，读者需要更深层面、更细粒度、更小单元的资源揭示，更先进全面的信息查找、定位和获取目标信息的一站式服务，因此，需要对数字资源进行整合揭示。

数字资源整合是综合运用各种技术、方法和手段对图书馆相互独立的各种数字资源进行系统化和优化，对各个相对独立关系进行融合、类聚和重组，重新结合为一个新的有机整体，形成一个效能更好、效率更高的新的数字资源体系。

目前，图书馆关于数字资源整合的模式主要有以下 4 种：

1. 基于 OPAC 系统的数字资源整合

一般图书馆的书目数据库只是向读者展示了其印刷型的文献信息。如何改进 OPAC 系统，让读者能了解包括数字资源在内的全部馆藏，成为图书馆研究的一个焦点。现阶段多数图书馆的做法是对数字资源进行编目，将其 MARC 记录加入 OPAC，把数字馆藏纳入到目录控制体系。

2. 基于资源导航的数字资源整合

基于资源导航的整合即通过数字资源的 URL 建立数字资源导航系统，图书馆根据实际应用需求，搜集网上与某一专业或主题有关的信息进行筛选、提炼、分析、综合，组成专业信息资源组合。如：CALIS 重点学科导航系统、中科院学科信息门户等都是将学科信息、学术资源等按学科门类集中在一起，实现资源的规范搜集、分类、组织和有序化整理，对导航信息进行多途径内容揭示，便于用户按学科查找相关信息和学术资源。

3. 基于跨库检索的数字资源整合

图书馆自建数字资源和外购数据库往往有不同的检索入口，用户不能快速有效的找到所需资源。为了有效解决这个问题，图书馆需要建立统一检索平台，实现跨库检索，用户只需一次登录，就可同时对多个数据库进行检索。

4. 基于元数据的数字资源整合

元数据是关于数据的数据，或者说是描述数据的数据。提供了各种资源的特征和属性等相关信息，能较好地解决信息资源的描述、发现、定位与管理，基于元数据的数字资源整合是实现图书馆文献信息资源共建共享体系的关键，无论是在信息发现、信息检索和信息组织等各方面，元数据都起着十分重要的作用。

三、阅——数字图书馆服务

（一）数字图书馆服务概述

魏大威主编的《数字图书馆理论与实务》一书中，将数字图书馆服务归纳为：数字图书馆服务是现代图书馆服务的一部分，它利用新技术或网络的方式提供数字馆藏及相关数字资源的检索、发现、获取或推送、咨询、教育服务。

实际上，数字图书馆是一个平台，是一个渠道，是一种实现手段，数字图书馆的服务应该是传统图书馆服务的数字化、信息化和基于全媒体的创新，应该覆盖传统图书馆的所有服务对象和服务内容。从这个角度来说，数字图书馆的服务应该能够拓展图书馆服务渠道，使用户能够通过更加便捷的方式随时获得图书馆的资源；能够延伸图书馆服务范围，形成立法决策机关、教育科研及企事业单位、社会公众、图书馆和信息机构服务的多层次格局；能够深化图书馆服务内容，实现数字资源的无缝传递和服务；能够提升图书馆服务质量，进而为社会公众提供现代化、个性化、多样化的服务。

（二）数字图书馆服务内容

数字图书馆的服务应该根据服务对象、馆藏情况、基础设施建设情况，提供基于互联网、移动通信网、广播电视网等多种方式的服务，以便最大可能地满足用户的需求。

1. 以深化服务内容为核心的信息化服务

深化图书馆服务内容的重点是方便读者获取资源、获取信息，应该提供一站式的元数据、目录数据、馆藏数据、专题数据库等资源检索服务；通过多种方式提供线上的资源获取服务，在版权允许的情况下提供全文下载服务。通过互联网提供馆际互借与文献传递的服务。

2. 以提升服务质量为核心的智能化服务

数字图书馆应该通过新技术、新理念，为到馆读者提供自助借还服务、自助办证服务、自助复制、智能架位、触摸屏电子报、电子阅览室等优质服务，为非到馆读者提供实名用户认证、虚拟参考咨询、在线展览、在线讲座、在线学习等便捷服务。

3. 以拓展服务渠道为核心的新媒体服务

伴随着信息化深入发展，移动互联网、广播电视网已经成为新的信息通道，手机、平板电脑、数字电视等新媒体终端已经成为人们获取信息的重要媒介。数字图书馆需要在互联网基础上进一步拓展渠道，提供新媒体服务。主要包括移动数字图书馆服务和数字电视服务。

4. 以延伸服务范围为核心的多层次服务

数字图书馆的服务应对社会普遍开放，数字图书馆服务应该是多层次的。对立法决策机关，应该提供政府公开信息、法律信息等各种知识化资源库，提供互联互通的立法决策服务平台、智能参考咨询系统等服务；对科研单位和企事业单位应该提供专业化的虚拟参考咨询系统、舆情检测与分析系统等服务；对残疾人则应该提供无障碍信息获取服务；对于少年儿童则应提供符合少年儿童需求的数字资源与服务。

5. 以合作共建共享为核心的网络化服务

数字图书馆的服务是一个服务网络。图书馆仅是信息社会的服务供应者之一，面对共同的信息用户，图书馆必须开展业界合作和跨界联合，开展联合编目、联合目录、联合馆藏、联合咨询等，协同作业，才能形成整个社会的服务网络。

（三）数字图书馆服务策略

目前各馆在提供数字图书馆服务的过程中，呈现出一些不足之处，主要包括服务平台没有统一规划，读者使用困难；服务理念缺乏创新，缺乏前瞻性研究；从事数字图书馆服务的图书馆员经验欠缺等。我们认为数字图书馆在服务设计、提供中应重点考虑如下策略：

1. 整体性策略

要统筹规划图书馆的各项服务，通过统一的用户界面和接口提供全面服务，充分发挥数字图书馆的优势，突破地域和时间限制，最大限度地便于服务对象。

2. 创新性策略

开展前瞻性的研究，推动数字图书馆的服务创新，通过技术创新，拓展丰富多样的服务。

四、藏——数字资源保存

（一）数字图书馆资源保存

信息化时代，数字资源实际已经成为国家的战略资源、数字资产。在很多情况下，数字资源比物理资源更加脆弱，更容易被毁坏，或者他们的载体更容易被淘汰，因此，数字资源的保存尤为重要。

数字资源保存的目标是维持数字资源长期的可生存能力、可呈现能力和可理解能力。数字资源的存储介质主要包括磁盘、硬盘、光盘和磁带。

（二）数字资源的保存策略

数字资源总量庞大，需要海量的存储介质，保存成本较高；数字资源建设目的不同，决定了数字资源保存的策略也应该不同。因此，需要制定数字资源的保存策略。

1. 数字资源保存级别

根据数字资源保存和利用的不同特点，一般把数字资源划分为三类保存级别，即长期保存级、不定期保存级和临时保存级，以分别满足数字资源当前与长期利用的需要。根据保存级别制定相应的保存策略。

2. 长期保存级数字资源保存策略

长期保存的数字资源主要包括馆藏所有元数据（书目数据、规范数据、分类主题数据、馆藏数据）、馆藏数字化的特色资源数据库、重要的中文网络资源，授权永久保存的中文资源数据库，以及国外重要的工具性数据库。长期保存级的数据以光盘或者磁带为保存介质，并同时保存至少三份作为备份。对异地和离线保存的数字资源，定期对于磁带和光盘进行检查、复制、转换等日常管理维护工作。

3. 不定期保存级数字资源保存策略

对于一时无法确认是否需要永久保存的数字资源，以及在当时有保存价值但经过一定时期后可能就会逐渐丧失保存价值的数字资源，为不定期保存级。不定期保存的数字资源主要包括网络发布的所有数字资源。不定期保存级的数据需一至两份作为备份；届时根据相关标准转为长期保存级的，需按长期保存级的要求备份。

4. 临时保存级数字资源保存策略

当在线服务的数字资源出现异常丢失或损坏时，确保其能够立即恢复与提供服务的数字资源，为临时保存级。临时保存资源一般包括发布与服务的数字资源，资源供应商提供镜像的数字资源，以及带有对象数据链接的元数据资源等。对于在线资源，一般可考虑三个层次的存储策略：一是数字资源发布与服务系统的存储；二是本地的数字资源存储管理中心的存储；三是异地灾备数字资源存储。

五、数字图书馆的支撑

数字图书馆建设与服务的支撑系统包括标准规范、软硬件技术平台和政策制度体系。

（一）标准规范

数字图书馆是在网络环境下建立的数字资源采集、加工、描述、管理、服务和保存的系统，其最终目的是要实现数字资源的广泛存取与最大化共享。标准规范作为数字图书馆建设的基础，是开发利用与共建共享资源的基本保障，是确保数字图书馆的资源和服务在整个数字信息环境中可利用、可互操作和可持续发展的基础。

数字资源建设是数字图书馆的核心内容，基于数字资源生命周期的数字资源建设标准体系目前已被许多数字图书馆项目所应用，该标准体系主要包括数字内容创建、数字对象描述、数字资源组织管理、数字资源服务、数字资源长期保存几大方面的标准规范。

（二）技术支撑

建立数字图书馆工程是一项庞大的工程，在建设数字图书馆过程中要认真思考，重点解决数字图书馆的关键技术和技术体系结构问题，特别是技术体系结构中的各应用系统的实现。同样要注重数字图书馆建设中的任何一个细节问题，只有这样才能建成一个现代化的、方便快捷的数字图书馆。

数字图书馆涉及诸如：文献数字化技术、网络技术、数据挖掘、搜索引擎技术、VPN技术、Raid 技术、用户接口设计等许多新的、较复杂的技术。

第三节　国外数字图书馆的建设发展

数字图书馆的概念是美国国家科学基金会（NSF）的伍尔夫（W.Wulf）在 1988 年撰写国际合作白皮书时正式提出的。美国最早开始数字图书馆理论研究和建设。1991 年俄亥俄州政府投资建立州内图书馆网络中心，开始了数字图书馆的尝试。1994 年 9 月，美国国家科学基金会（NSF）、国家宇航局（NASA）和国防部高级研究署（AKPA）联合发布《数字图书馆启动计划》（Digital Library Initiative），领导、组织和资助美国的数字图书馆研究和开发。继美国之后，英、法、德、日等国也先后提出各自的数字图书馆计划。

一、美国数字图书馆的发展建设

数字图书馆是由美国人首先创建出来的。美国对数字图书馆的建设最为重视，起步最早，取得的成果也最多。

早在 1982 年，美国国会图书馆就开始了光盘试验项目，旨在探索电子文献图像技术和光盘存储在图书馆文献保存中的应用。

早在 1991 年，美国俄亥俄州政府做出了启动俄亥俄网的决定，计划投资 2 500 万美元建立州内图书馆网络中心，该网络定名 Ohio LINK。

1992 年美国在制定"高性能计算机与通信（HPCC）"国家攻关项目中，首次将发展数字图书馆列入"国家级挑战（National Challenge）"项目之一。

1994 年 6 月，在美国的德克萨斯召开了第一次数字图书馆的理论研究会议，会议的主题是"第一届数字图书馆理论与实践年会"。

1994 年 9 月，美国国家科学基金会（NSF）、国家宇航局（NASA）和国防部高级研究署（ARPA）联合公布了《数字图书馆倡议》，领导、组织和资助美国数字图书馆建设，并于 1994 年 9 月决定投资 2440 万美元进行为期 4 年的"数字图书馆创始计划"（Digital Library Initiative，DLI），在斯坦福大学、卡耐基，梅隆大学、伊利诺依大学、密歇根大学、加州大学伯克利分校和圣·巴巴拉分校 6 所大学进行数字图书馆的分项研究，每一个分项目都将作为数字图书馆理论研究和建立模型的基地。其目的是在 4 年内，完成多媒体分布式服务器、智能检索系统、计算机视觉和自然语言处理、面向目次的浏览器与搜索技术、超级文本传输协议 HTTP 和超级文本标记语言 HTML 等。

1994 年 10 月，美国国会图书馆推出数字化项目，将使该馆馆藏逐步实现数字化，并领导与协调全国的图书馆、研究图书馆，将其收藏的图书、绘画、手稿、照片等转换成高清晰度的数字化图像并存储起来，通过互联网供公众利用。

1994 年 11 月，美国国家图书情报科学委员会又主办召开了"第七届国际情报新技术大会"，会议在美国的弗吉尼亚亚历山大城举行，大会对"全球数字图书馆"（Global Digital Library）问题展开了较为深入的讨论。

1994 年国会图书馆获 1300 万美元资助用于将其全部馆藏数字化，目的是使国会图书馆成为信息高速公路上重要的信息源。

1995 实施的"美国记忆"项目（American Memory Project，1989—1995）把反映美国历史、文化和立法方面的照片、文字手稿、音乐、电影、图书、图片、乐谱等资料转换成电子格式，供网上检索，至今已有 21 万件资料实现了数字化转换。该图书馆还有一个宏伟的设想：建设一个国家数字图书馆，将全国所有的图书馆、研究图书馆所收藏的各种载体形式的文献资料全部转换成数字信息，通过网络传输，使任何一位读者都能够存取和利用。

美国的一些大公司对数字图书馆的建设也非常积极，如 IBM 公司 1995 年发起"IBM Digital Library"的倡议，旨在利用自己先进的计算机技术和网络技术，有助于各种形式的信息拥有者，通过对信息的处理、转换和传递，使这些信息不再孤立在各个图书馆中，而是在全球网络上传播，进而体现出信息的最大价值。IBM 在 1996 年推出了 AIX 平台的数字图书馆方案，在 1997 年又推出适应 NT 平台的"Digital Library Version 2"。IBM 公司的数字图书馆方案是一套可伸缩的多媒体管理方案，能将音频、视频、图像、文本等信息转换成数字化形式，并通过因特网向全球发布，包括内容的创建和获取、存储和管理、检索及查询、信息发布、权限管理五项功能。IBM 公司的数字图书馆方案是目前世界上唯一商品化的数字图书馆系统，印第安纳大学图书馆、洛杉矶市立图书馆、佛罗里达州立图书馆以及国内许多图书情报机构都采用了 IBM 公司的数字图书馆方案。

美国其他的一些机构也进行了数字图书馆的建设。例如，1990 年贝尔实验室开发了"Right Page Service"数字图书馆系统，目的是为该公司的员工提供一个专用窗口，使他们能及时获得所需的内外信息。始于 1989 年的 Core 数字图书馆项目正式名称是"化学联机检索实验"项目，由美国化学会、贝尔通讯研究所和英国伦敦大学学院共同合作建立一个能提供化学文献信息网络检索的数字图书馆。

1995 年，美国最著名的计算机生产商 IBM 公司发出了"IBM 数字化图书馆"的倡议，计划帮助各种类型信息的拥有者，促使他们的信息能在全世界的网络上传播。

1995 年 2 月 25 ~ 26 日，在比利时布鲁塞尔召开了全球信息社会讨论会，这次讨论会被视为西方主要发达国家在社会信息化进程中的一个重要里程碑。会议将 11 项示范计划之一的全球数字图书馆计划与数字博物馆计划等确立为全球信息社会化的重要组成部分。

1998 年春，美国又开始实施数字图书馆创新（DLI）二期工程，新增四个参与单位，它们是美国联邦调查局（FBI）、美国人文科学基金会（NEH）以及著名的美国国会图书馆（LC）、美国国家医学图书馆（NLM），首期投入为 4000 到 5000 万美元，预计今后可增加到数十亿美元。

1999 年 2 月 24 日，美国总统信息技术顾问委员会（PITAC）在给总统《信息技术研究：对我们未来的投资》的报告中提出 21 世纪美国信息技术的研究与开发的四项重点，其中在前两项中均专门提出数字图书馆的建设。

2001 年 2 月 9 日，美国总统信息技术顾问委员会（PITAC）向新上任的布什总统提交了 3 份报告，其中之一就是《数字图书馆：对人类知识的普遍访问》。在此报告中，PITAC 提出，"我们相信数字图书馆能够支持本委员会 1999 年 2 月的报告《信息技术研究：投资未来》中提出的所有'国家挑战性变革'，这 10 条挑战性变革是所有公民能够融入信息时代并从中受益的基本先决条件。数字图书馆将在这些变革中扮演核心角色，每一种变革都会利用或需要数字图书馆才能成为现实。"

据报道，美国迄今投入到数字图书馆研究的经费已经超过 8 亿美元。继美国之后，英国、法国、日本、德国、意大利等西方发达国家以及亚洲的新加坡、韩国也先后提出各自的数字图书馆计划，并纷纷投入巨额资金实施推进，期望与美国抗衡。

二、日本数字图书馆的发展建设

日本国会图书馆从 1994 年开始实验建设电子图书馆，其关西新馆就是要建成日本最大的数字图书馆，该馆将成为日本文献和信息提供中心、亚洲资源信息中心。

　　早在 1985 年，日本邮政省首先提出了电子图书馆的构想，计划在东京和大阪之间建立电子图书馆中心。

　　1985 年 11 月，日本 40 家主要新闻机构和出版社发起成立"电子图书馆研究会"。日本通产省信息技术促进会与日本国立国会图书馆合作，计划将日本国会图书馆建设成一个通过网络提供数字化信息的新型图书馆。这项计划从 1994 年开始，到 1998 年 8 月已实施了 3 个试验性电子图书馆项目。为了在数字图书馆的建设中充分检验自己公司的通信设备和信息技术，日本的一些计算机和通信公司也积极参与了数字图书馆的建设。

　　进入 20 世纪 90 年代以来，日本政府机构、高等院校和企业界非常重视数字图书馆的研制，并投入大量研究经费建设若干实验型数字图书馆项目。1990 年，日本国会图书馆开始启动"关西图书馆计划"，由国家投资 4 亿美元，其目标是成为日本最大的数字图书馆和亚洲地区的电子文献信息中心。研究的主要内容包括：研制一套信息资源数字化处理系统，广泛收集和使用各种载体的文献，构建一个与国内外数据库相连的现代化数据库系统。

　　概括而言，日本数字图书馆的研究和开发主要集中在三个方面：

　　（1）馆藏资源的数字化技术。日本学术情报中心、日本国会图书馆和全国科学信息中心联合研究试验性电子图书馆、儿童电子图书馆、亚洲信息供应系统、日本国会图书馆关西新馆工程和日本小规模试验型数字图书馆等项目，并于 1996 年完成了 1000 万页文献数字化，含 7000 多幅超高清晰度的国宝级图片扫描影像。

　　（2）信息系统技术。信息技术促进局、日本信息技术开发中心和各著名计算机公司联合研究网络下信息与文献检索系统、电子图书馆数据库系统，使用宽带综合业务数字网远程传输，提供多种查询技术。

　　（3）日本空间协作系统计划。该计划由奈良尖端科学技术大学、京都大学、筑波大学、东京技术大学和图书馆情报科学大学研究，实现了日本 116 所大学的 139 个站点间的视听资源共享，达到明显效果。

三、英国数字图书馆的发展建设

　　1993 年不列颠图书馆宣布了通过数字技术使用户最大限度地利用其收藏文献的"2000 年政策目标"。同年 6 月，该馆发出了"信息利用倡议"（Initiative for Access），包括 20 多个子项目，主要目的在于研究图书资料数字化以及数据存储、标引、检索和传输的标准，进而推进数字图书馆的发展。英国的一些大学与 IBM 公司合作，通过构建一个电子图书馆的原型，使本校师生能通过校园网利用有关学习参考资料。此外，牛津大学、伦敦大学也推出了类似的项目。英国图书馆资助的数字图书馆研究计划联合了英国最大的三家数字图书馆研究机构或组织——子图书馆计划组织（eLib）、图书馆和情报协会（LIC）及联合情报系统协会（JISC），研究的范围涉及数字图书馆的技术、人文、经济、法律等方面，其目标是为英国教育科研界提供一个经济的、内容全面的、易于获取的、高性能的信息网络系统。

四、加拿大数字图书馆的发展建设

加拿大数字图书馆建设开始于1997年，以国家图书馆为主开始实施加拿大数字图书馆预先研究项目。1997年秋，加拿大国家图书馆在先期调研基础上，联合50多家图书馆，成立了加拿大数字图书馆联盟。该计划以促进数字化资源转化和利用为目的，通过加强各成员馆之间的交流，推进标准化等手段，协调整个国家的数字化项目，确保一定的互操作和高水平；促使加拿大在数字图书馆领域的合作，并推进加拿大数字图书馆的网络检索。该项目的具体目标主要有：进行数字图书馆项目的交流与宣传；评价数字图书馆项目，推荐典型案例；发布有关数字图书馆标准；探索最好的方法进行机构间的协调；避免资源数字化的重复劳动；促进数字图书馆资源内容国际化；在当前版权法的框架内考虑知识产权问题；协调和沟通从信息创造到信息存档整个生命周期中各个环节的参与者之间的联系。

五、法国数字图书馆的发展建设

1995年3月，法国新建的法国国家图书馆推出了致力于将该馆收藏的100万册图书数字化的国家图书馆数字化工程，计划形成两个大型数据库，共包括约200万条书目数据。同时还参加欧洲多国合作的项目——欧洲电子图书馆图像服务计划。蓬皮杜中心打算通过网络将15万个图像提供给全法国用户使用。该项目由法国国家图书馆主持，其目标是：实现馆藏的数字化以及网络存取，为实现数字图书馆打下雄厚的资源基础，从事数字图书馆解决方案的研究、开发和商品化。

法国国家图书馆尤其重视"文化遗产"数字化，将该馆收藏的艺术精品及分散在法国各地的古书艺术插页用彩色高分辨率扫描仪录入光盘。目前，法国国家图书馆的数字资源已达2.4亿页，总存储量在3 000GB以上，书目数据达830万条。

六、德国数字图书馆的发展建设

1996年8月，德国联邦内阁会议正式通过了德国1996—2000年信息技术发展计划，中心内容是建立全球性电子图书馆和开展电子出版业服务，其目的是应用先进信息技术为全球电子图书馆服务。迄今为止政府已为该计划投资19亿马克。自1995年10月起，欧洲图书馆联盟会员国包括德国、英国、法国、波兰、芬兰等国家图书馆共同合作实验的全球网络的数字图书馆信息服务，已在因特网上开通使用，用户可以通过网络检索数据库中所存储的资料。

七、俄罗斯数字图书馆的发展建设

俄罗斯 1999 年 2 月俄联邦政府批准俄罗斯科学部、文化部、教育部等 9 个主管部门参加《俄罗斯电子图书馆》部际规划，年总预算大约 2 亿卢布（相当于 620 万美元）。

八、新加坡数字图书馆的发展建设

新加坡政府在 1994 年提出了"图书馆发展计划"，准备构建一个"无边界电子图书馆网络"，把新加坡的所有图书馆和 500 多个学术与专业数据库连接起来。新加坡南洋理工大学也在进行数字图书馆试验。

九、G8 全球数字图书馆联盟

1995 年 5 月 29 日，西方美、英、法、日、德、加、意七国的国家图书馆在法国成立"G7 全球数字图书馆联盟"，G7 的参加者之间建立合作，进行馆际互连，创造信息交换的机会，引导信息社会的进一步发展。同时希望和鼓励世界范围内的图书馆参加。后来俄罗斯加入，成为 G8。1999 年，G8 数字图书馆联盟开始实施"G8 信息社会小型实验计划（G8 Information Society Pilot Project）"，该计划参与国的国家图书馆签署了一份长期合作的协议，要求参加本计划的组织共享经验，为创建数字图书馆而在国际层面协调各国的数字化政策，为数字图书馆首期计划而组织资源，进行数字化，参与电子图书馆的数字资源和网络化工作。促进公共组织、私人企业与国际组织之间的合作。该项目基本目标是"建立促进数字图书馆建设的国际合作平台"，并创建一个开放的环境，便于吸引 G8 以外的国家参加。

第四节　国外数字图书馆建设特点和运行模式

一、国外数字图书馆建设特点

（一）严格规划，分工协作

国外的数字图书馆建设都十分重视规划和协调。无论是"美国的回忆"还是 DLI、DLI2 都是集中了一大批理论、应用、产业及市场的有关人士，经过了缜密的计划。项目的承担者包括各地的高校、图书馆、出版社、政府机构、IT 产业的研究人员和用户。以"美国数字图书馆启动计划"为例，其核心原则就是强调研究中的协作关系，计划制订的共同战略构想就是强调研制中的研究者、开发商和用户之间的协作伙伴关系，并将这种关系视为项目成功与否的关键。在具体项目的实施过程中，这种协作性体现在参与机构与部门的协作性。数字图书馆计划由高校牵头，联合各级院校、图书馆、学术团体、公司以及政府各部门形成数字图书馆的战略同盟。这些机构与团体不仅在知识、技术上互通有无，而且人力、物力、财力上给予大力支持。尤其是美国一些知名大公司的加盟。这些机构除了参与数字图书馆成果的试验，而且还推动新成果的产业化、商品化，市场化。这充分说明了数字图书馆研究的复杂性和艰巨性，没有多学科和多方面的精诚合作，要在数字图书馆研究方面取得成果是很难想象的。1995 年美国国会图书馆等 15 个图书馆与美国国家档案与记录管理局等共同组成美国国家数字图书馆联盟（DLF），致力于开发反映美国历史与科技文化成就的数字式资源库以及分布式数字图书馆系统，与全球因特网用户共享。1996年 DLF 确定在以下三个方面开展工作：数字式信息的发现与检索、知识产权管理及提供数字式信息所需的经济模型、数字式信息的归档。数字图书馆联盟可以从宏观上对各研究项目进行协调和控制。这不仅表现在研究所涉及的学科和专业领域上，也表现在对具体技术和问题的解决上，进而避免了研究的空白和低水平的重复，确保了研究效益的最大化。

（二）研究涉及面比较广

如美国数字图书馆的 DLI-2 研究中涉及政治、经济、语言、教育、历史、数学、生物、医学、地球和空间科学等多个学科领域，研究领域分布广，凡是在美国国民经济中有着重要地位的几乎都涉及了。这表明数字图书馆的涉及面十分广泛，应用前景非常广阔，并不只是图书馆功能的简单重复。研究包括了信息的创造、检索、利用、保存和保护的整个生命周期，根据每一阶段的特点制定了具体的研究重点，所有这些研究结合在起来就是一个完善的数字图书馆。美国数字图书馆启动计划研制内容上的分学科和研制技术上的分侧重点在一定程度上保证了研究的全面和深入。而且各部分组合起来又可成为一个有机的系统整体。这种分合模式也说明数字图书馆工程是一项综合工程，单靠其一方力量是不能完成的，它不仅是单纯的技术研究，而且与许多方面都有着广泛的联系。

（三）研究的重点各有所异

世界各国的数字图书馆研究可以分成三类：技术主导型、资源主导型和服务主导型。美国国家科学基金会资助的项目集中体现了技术主导型研究的特点，日本受国会图书馆的影响，基本上是资源主导型，欧洲国家以服务主导型为主。目前国外的数字图书馆研究大部分已经走过了试验阶段，它不再以宽泛的技术研究为中心，目的也不在于构建数字图书馆的模型，而是利用各种技术建立综合的数字图书馆。如美国的 DLI-2 强调以"人为中心""以系统为中心"，目的是要充分挖掘数字化信息资源的潜能，构建切实可行的数字图书馆系统，为用户提供更为有效的服务。

（四）投入的资金量较大

如美国数字化图书馆项目计划从 1994—2000 年大约投入 3.64 亿美元。"美国的记忆"项目预算资金 6 000 万美元，由国会负责提供 1500 万，国会图书馆向私人企业、公司、基金会和个人筹集 4 500 万。二十多个组织和个人，如 John.W.Kluge、The David and Lucite Packard 基金会、Ameritech 电话公司、AT&T 电话公司、柯达公司、福特基金会、惠普公司等向该项目捐款或捐赠实物，其中多者达 500 万美元以上，少则在几十万美元左右。此外，国会图书馆又投资 1 200 万美元，于 2000 年完成 500 万件文献资料的数字化。而德国迄今为止，已为其信息发展计划投资 19 亿马克，其中为建立全球电子图书馆的计划投资 2 亿 8 千 6 百万马克。

（五）注重基础设施的支持

从国外的经验来看，数字化图书馆是在电子化图书馆网络基础上发展起来的，需要坚实的网络基础。由于数字图书馆依赖网络发挥其强大的信息交流功能，因而，只有以现代计算机技术和网络技术为基础的图书馆网络，才能为数字图书馆的发展奠定技术基础。

美国在数字图书馆的各项技术研究上取得了巨大进展，尤其是网络技术方面，其中于 1996 年开始实施的第 2 代因特网计划，将实现把各大学和国家实验室的网络速度提高 100 ~ 1 000 倍，其中至少有 100 所大学连接网络的速度将比目前的因特网快 100 倍，少数机构的网络速度将快 1 000 倍。

二、国外数字图书馆运行模式

国外数字图书馆运营模式既有国家、基金投资，也有专业机构投资，还有企业投资；既有免费资源存取，也有市场化运营。①国家投资：由于数字图书馆属于国家信息基础设施，国际上重要的数字图书馆项目都是由政府资助的。各国的重要数字图书馆项目往往组织国家级的资源单位如国家图书馆将其资源精华媒体历史资源库，发展为数字式资源库，如美国国会图书馆的"美国记忆"项目，美国国会就提供 1500 万美元。又如日本国会图书馆牵头的数字图书馆计划，日本国会下拨 50 亿日元。②基金会等机构的资助：基金会、私人团体的资助是数字图书馆项目建设资金的重要来源，如美国国会图书馆的"美国记忆"项目，有部分经费是由 AT&T 电话公司、柯达公司、福特基金会等私人企业、公司、基金会和个人资助的。美国科学基金会的 DL1 计划投资 2 400 万美元，而 DL2 计划将持续 5 年提供 4 000 ~ 5 000 万美元。英国高等教育基金给"电子图书馆"计划投资 1500 万英镑作为启动资金，并由联合信息系统委员会管理。③专业机构投资、市场化运营：专业性数字图书馆计划项目往往对特色专业馆藏进行数字化，如美国计算机协会（ACM）1996 年开始建设数字图书馆，提供 ACM 期刊和会议论文全文的访问，采用市场化运营。1998 年创立的美国 Net library 则由企业投资，实行市场化运营。

第五节　我国数字图书馆建设及特点

数字图书馆概念提出以来，国内外的认识发生了很大变化。由于网络、信息技术的飞速发展，数字图书馆决不能止于文字图书的数字化。如果不彻底解放思想，而局限于传统图书馆的数字化，数字图书馆建设必然要走弯路，要吃大亏。

宽带网基础上的数字化，开辟了互联网发展的新前景，也开辟了数字资源建设的新前景。数字化的层面上，文字、声音、图像、人机结合是统一体，传统意义上的图书馆、博物馆、媒体、各种机构等都将发生实质性的变化，数字图书馆将成为数字资源的储藏库，也将是发布点、交流点，甚至可能是出版点、生产点；数据将被应用、交流、增值，数据将被自由地应用于（除有法律限制、个人隐私、特殊利益限制的）全社会之中。因此，数字资源的中心根据内容的不同，应用的需要，有可能建在政府机构之中，也可能建在学校、建在企业、建在社会团体之中。因此，数字资源建设不仅会彻底改变传统图书馆，实际上也正在引发一场社会革命。

我国数字图书馆的研究始于 20 世纪 90 年代中期，国家科技部在"863"项目组专门设立了"中国国家试验型数字式图书馆计划"标志着我国数字图书馆建设的开始。国家图书馆、上海图书馆、辽宁图书馆、清华大学图书馆、北京大学图书馆、上海交通大学图书馆等先后进行了有关项目研究，为数字图书馆建设的全面实施奠定了良好的基础。近年来，随着信息基础设施的不断完善，我国的数字图书馆建设有了较大的发展。

一、我国数字图书馆的发展建设

（一）中国数字图书馆工程

"知识网络——数字图书馆系统工程"1998 年立项，2001 年 3 月验收，由国家图书馆与中科院计算所合作完成。完成了数字图书馆体系结构的设计与开发，实现了网络管理、多媒体信息查询与检索、海量信息的存储与检索、知识产权的权限管理等多种功能，建成了基于 SGML/XML 的以中文资源为主的维护和发布系统，建立了一套基于内容的实用的数字资源加工系统，该系统可支持从单加工用户到大规模加工用户的联机事务处理，适用于由文本、图片、音频、视频四种资源类型任意构成的多媒体数字资源加工，并完成了总量超过 100GB 的五个规模型多媒体资源库建设、实现了跨库联合检索。系统实现了可扩展性、可互操作性、可在互联网上运行，达到了技术上可与国际数字图书馆主流技术接轨的要求。

中国数字图书馆工程是跨地区、跨部门、跨行业的宏大系统工程，该工程的总体目标是在宽带网上形成超大规模的、高质量的中文信息资源库群，支持国家整体创新体系的形成与发展。资源库建设是数字图书馆建设的核心，其基本思路是先建设急需急用和容易的，先易后难，从小到大；其出发点是大文化的角度，涵盖整个文化建设。该工程将完成中华文化史资源库、中华人民共和国国史资源库、中国共产党历史资源库、中国发明创造资源库、中国法制资源库、中国国情资源库、中国教育资源库、中国民族文化资源库、中国名人资源库、中国旅游资源库、中国艺术资源库、中国经济信息资源库、中国软件资源库、科技资源库以及面向青少年的一个百科全书式的知识宝库资源库的建设。在技术实现途径上采用与国际同类主流技术有接轨前景的方案，如标准通用置标语言、统一资源名称、公共对象请求代理结构等，严格遵循电子信息处理与电子信息交换的相关国际标准及工业标准，统一的总体框架与灵活的子项目实施相结合，采用适用于网络环境的分布式面向对象的软件技术，立足国内自行开发与引进国外先进成熟技术相结合。同时提供全面、灵活的网络连接方式，为用户提供对各种资源库的快速查询与检索；开发智能化中文用户界面和廉价的用户接入设备，普及网络的使用，用户便于获取网上的资源，使信息资源得以最大限度地利用。

（二）国家科技数字图书馆

2000 年 6 月，依据国务院的批复，经科技部、财政部、经贸委、农业部、卫生部和中国科学院等有关部委协调，成立了"国家科技图书文献中心"，由中科院图书馆、工程技术图书馆（中国科学技术信息研究所、机械工业信息研究院、冶金工业信息标准研究院、中国化工信息中心）、中国农业科学院图书馆、中国医学科学院图书馆组成。它是一个虚拟式的科技信息资源机构，中心下设办公室，在中心主任的领导下开展工作。中心建设的宗旨为：根据国家科技发展需要，按照"统一采购、规范加工、联合上网、资源共享"的原则，采集、收藏和开发理、工、农、医各学科领域的科技文献资源，面向全国开展服务；促使科技文献的深度加工、优质服务、快速传播和有效利用，实现科技文献的共建共享；推进我国科技文献的基础建设和数字化图书馆事业的发展，为促进政府科学决策、科学技术研究、技术创新、人才培养，参与国际竞争提供支撑保障。国家科技图书文献中心（NSTL）建设的"国家科技文献资源网络服务系统"，是一个共建共享的网络化信息服务系统，它按照分布加工数据、集中建库、集中检索、分布服务的原则，通过互联网向广大用户提供信息服务。NSTL 已在网站上开通了外文科技期刊、会议论文、科技图书和中文会议论文、学位论文等数据库，以文摘方式报道近万种外文期刊及其他类型文献。全世界的网络用户可免费检索该网站上的数据库，网站上报道的二次文献条目，中心的成员单位均收藏有全文，注册用户可随时向系统提出检索全文请求。

（三）中国高等教育文献保障体系

中国高等教育文献保障体系（CALIS）是我国高等教育发展的基础设施，1998 年 11 月正式启动，其建设的总体目标是建成一个具有中国特色的现代化的文献信息服务系统。它以 CERNET 为依托，采取"整体规划、合理布局、相对集中、联合保障"的建设方针，初步建成中国高等教育文献保障体系的基本框架，以此推进我国高等教育资源的合理优化配置，实现信息资源共建、共知、共享，提升高等学校教育和科研的文献保障水平。CALIS 管理中心设在北京大学图书馆，目前已建成全国中心、地区中心和成员馆三级网络结构。参与 CALIS 建设的主体是"九五"期间国家正式立项建设的"211 工程"的高校，其他有条件的高校均可参与子项目的建设和共享 CALIS 的资源。CALIS 在国内首次实现了网络环境下实时的联机合作编目，建成了学科和文献类型最多的联合目录数据库，联合订购的国外数字化信息资源覆盖了所有学科，引进的数据库学术水平较高，增加了电子资源的品种，为各高校和国家节省了大量资金；自建了高校学位论文库、重点学科专题库、特色数据库和导航库。

（四）中国试验型数字式图书馆计划

中国试验型数字式图书馆计划由文化部倡议，以国家图书馆、上海图书馆、南京图书馆、深圳图书馆、辽宁图书馆等主要图书馆为参与主体，模仿美国数字图书馆创始计划，侧重技术方案实现，兼顾资源数字化，构建一个在内容和技术上具有一定典型意义的数字图书馆原型，通过遍布全国的数字通信网，依托即将建成的"金图工程"，向全国乃至全球提供网络服务，并为我国大规模建设数字图书馆工程提供样板。主要成果是在我国创建了一个分布式、可扩展、可互操作的、具有一定规模资源的试验型数字图书馆，达到国际同类水平，项目成果居于国内领先水平。主要包括设计开发了通用的套装数字图书馆系统，在国内率先建立了一套通用的数字内容资源加工系统，建立了跨地域、多馆合作的网络资源建设体系，建成了符合数字图书馆资源建设要求的、可互操作的、分布于全国 7 个省市的 30 个以上的数字资源库群，在因特网上实现了良好的运行。

"中国试验型数字式图书馆" 1996 年在国家计委立项，1997 年批准并成立项目组，2001 年 5 月鉴定验收。本项目创建了一类多馆合作的网络内容资源建设和共享体系，实现了一个基于分布环境的、以藏品建设为基础的数字图书馆应用系统。该系统从功能上覆盖了对内容资源从采集加工、处理、储藏组织、管理调度、资源发布、用户利用等全过程，并支持分布式网络环境下多馆合作资源共建共享的模式。项目完成系统构架的研究，创建开发数字资源加工系统、调度系统、资源发布系统和用户界面等。应用上述系统，项目完成了 900GB 多媒体资源的建设与发布，在因特网环境下使用户一侧实现了透明的页面级的无缝跨库检索与链接。采用上述技术，本项目已初步实现一个数字图书馆系统。目前该系统包括旅游、名人、军事、大百科等数字资源库，项目组为这些资源库设计公共的元数据集合，建立相应的元数据集合。

（六）教育部数字图书馆的"九五"攻关项目

该项目由北京大学、清华大学、华南理工大学、上海交通大学承担，主要研究数字图书馆的结构、检索机制以及相应的标准规范，图文信息联合导读学习系统，数字音乐图书馆雏形和一个小型的数字化视频数据库示范系统。其中，清华大学与 IBM 公司研究实验室共同研制中国数字图书馆系统，通过网络技术向分布广泛的用户提供快捷便利的服务，从总体上优化图书馆各方面的功能。华南理工大学已经研制成功视频数字化图书馆，存储有 10G 以上的视频剪辑信息。上海交通大学目前正在创建一个数字化图书馆的现实模型，将该校图书馆实际使用馆藏文献的 30% 进行数字化处理，包括联机目录、电子参考书、电子全文杂志和会议录、多媒体有声读物、计算机软件等。

（六）中国知识基础设施工程（简称 CNKI）

1999 年 6 月正式启动，由清华同方光盘股份有限公司、中国学术期刊（光盘版）电子杂志社、清华大学光盘国家工程研究中心、清华同方光盘电子出版社、清华同方知识网络集团，清华同方教育技术研究院联合承担。CNKI 是一项涉及面很广的系统工程，其主要内容包括知识信息资源数字化建设及挖掘、网络数据存储与知识网络传播体系、知识信息组织整合平台、知识仓库建库管理和发布系统、知识信息计量评价系统和数据库生产基地建设等方面。CNKI 计划引进国外重要的数字化信息资源，开发期刊、会议论文集、博/硕士论文、报纸、专著、教科书等数字化资源，创建网络研究院。其中包括网上推出了"创新知识资源全国共享行动计划"，计划完善期刊全文数据库，并推出全文数据库的引文链接版，加强网络建设，并通过"中国医院知识仓库"、政府信息服务和校校通工程扩大信息服务范围。CNKI 以中国学术期刊光盘版和中国期刊网最为著名，期刊网入网期刊陆续增至 6000 多种，已形成世界上最大的期刊文献数据库。CNKI 采用在全国设立检索咨询站、网上包库、镜像站点等方式向用户提供服务，形成了完整的经营模式，构建了产业化的知识信息服务体系。

（七）万方数据资源系统

万方数据资源系统 1997 年 8 月在因特网上开始对外服务，目前分为科技信息子系统、商务信息子系统和数字化期刊子系统三部分，面向不同用户群提供信息服务。科技信息子系统面向广大科技工作者、高校师生、图书馆、科研单位及政府管理部门服务，文献资源包括专业文献、会议论文、学位论文等共计 37 个数据库。商务信息子系统推出了工商资讯、经贸信息、成果专利、商贸活动、咨询服务、在线交易等栏目，面向工商、企业用户提供商务信息和解决方案。

期刊子系统（数字化期刊群）源于国家"九五"重点科技攻关项目——"数字化图书馆示范系统"，集纳了 2 000 余种科技期刊全文内容。万方数据公司是我国最早开始在因特网上提供免费电子期刊全文服务的，目前在全国各省市建有数百个服务中心，直接用户达数万人。它以技术平台开发能力强、自建数据库多和独具特色的网络经验模式在我国信息服务行业中占据了重要位置。

（八）中关村科技园区数字图书馆群

中关村科技园区数字图书馆群软课题研究，北京市信息化办公室项目，1999 年 7 月立项，2000 年 12 月完成。参加单位有：国家图书馆、中科院网络中心、中科院文献情报中心、清华图书馆、北大图书馆、CALIS 管理中心、国防大学图书馆、首都图书馆等。完成了《中关村科技园区数字图书馆群建设整体架构报告》《中关村科技园区数字图书馆群一期（2000—2002 年）实施方案》和《中关村科技园区数字图书馆群软课题研究文集》。

（九）辽宁省图书馆与 IBM 合作的数字图书馆项目

辽宁省图书馆是全国图书馆中首家启动数字图书馆工程的图书馆，它采用 IBM 数字化图书馆解决方案，成为 IBM 数字图书馆软件方案在中国的首家商业用户。它把对古籍文献的数字处理、因特网信息发布、多媒体阅览室及 VOD 点播，作为先期实现的重点功能。

（十）台湾的数字图书馆

台湾的数字图书馆是在图书馆自动化基础上发展起来的。台湾的图书馆自动化起步较早，1972 年，台湾省的清华大学物理系图书馆就建立了计算机图书目录；进入 20 世纪 80 年代，建立了"图书馆自动化作业计划"和"科学技术发展方案"。台湾的"科技信息网络"在 1988 年 12 月开通，该网综合系统地处理台湾的科技研究资料，引进岛外具有重大参考价值的科技信息，提供现代化的服务。20 世纪 90 年代，台湾省制定了八项数字图书馆计划，其中典型的数字图书馆建设计划有：①数字图书馆信息中心的构建。它使台湾岛内各大学和图书馆由台湾科学委员会协调成立共享信息中心，建立电子期刊、全文数据库和参考数据库；②建立交通大学浩然数字图书馆。该馆目前提供 80 多种参考性数据库，其全文数据库主要以工程、科学、管理和医学类期刊为主；③台湾大学数字图书馆与博物馆计划。此计划的目的是建立一个含有台湾居民、台湾历史和台湾文化遗产等数字化的历史资料、文献和研究成果，以浏览方式使用的数字图书馆；④台湾图书信息网络系统。该系统为岛内读者提供各种索引目录资料，如馆藏图书目录、全岛博士及硕士论文摘要、台湾期刊论文索引等。台湾在实施数字图书馆启动工程前已经做了较为充分的前期准备工作，台湾的数字图书馆从图书馆的自动化到数字图书馆的建设都是在信息基础建设规划的基础上建立起来的，台湾省在计算机网络环境的建设中，建立了三大网络工程：TANET（台湾学术网）、HINET（台湾商用网）、SEEDENT（用于工业企业访问 Internet 服务），同时全台的资讯网络逐步建立并完善。上述项目的完成，对于国内数字图书馆建设起到了积极作用，推动了全国数字图书馆建设的进程。

数字图书馆发展到数字资源建设阶段，说明数字革命方兴未艾，表明我们仅仅是站在起点上，因此难免会有各种各样不成熟、甚至可笑的想法和设计。想法当然可以不断完善，但做出决策时，却要慎之又慎。因为数字图书馆建设不仅仅是形象问题，而且关系到未来数字革命的方向。有人说，数字图书馆的建设是属于未来的事业，随着技术的不断突破，它的重要性将日益凸现出来。它作为人类知识财富的有效的组织形式之一将发挥越来越重要的作用。数字化给人类提供了审视自己的机会，人可以在快速、广阔的层面上提升自己，人与人，人与社会的关系将发生根本变化。这使笔者想到一幅图片——外星空间站看到的地球只是一个暗淡蓝点。这说明人类有极大的几乎是无限的发展空间。

地球已经存在了 46 亿年，它还会继续运转好几十亿年。相对于如此巨大的尺度结构，到目前为止的人类历史，不过是向未来发展的一个起点。在思想史的一个辉煌阶段上，马克思充分估计了技术对人类发展的决定作用。数字化就是决定人类命运的新的转折点，数字图书馆则是有效的形式和工具，是信息化的核心，而数字资源建设就是数字图书馆发展的新阶段。

二、我国数字图书馆建设的特点

（一）我国数字图书馆运行模式

主要采取几种类型：

（1）国家与单位投入免费提供用户使用：如中国试验型数字图书馆，该项目是由国家计委批准立项、上海数字图书馆古籍馆藏数字化，免费提供用户使用。CALIS 是 1998 年由国家计委批复启动。

（2）国家与企业投入，市场化运行。如中国数字图书馆有限责任公司由国家图书馆控股，公司通过股份制经营，多种形式广泛募集资金完成第一期融资。采取市场化的运行机制。

（3）企业投入，市场化运行。如超星数字图书馆，开发了易用、经济的数字图书格式，拥有自主知识产权的图文资料数字化技术、专用阅读软件，向读者发行会员卡——超星读书卡，作为读者在借阅数字作品时付费的凭证，并向著作权人及相关出版社支付作品使用报酬。中国知识基础设施工程制订 CNKI 数据库版权协议，参照国际惯例，采用并发用户数调价办法，有助于体现 CNKI 数据库及文献编者、作者知识产权的价值和保护原则。

（二）我国数字图书馆的研究力量

由图书馆界、科研组织和商业机构三方面组成，图书馆界是最主要的力量。图书馆方面的优势是拥有丰富的文献信息资源和传统的服务手段，然而在技术研发和经费支持方面则是弱项。我国对数字图书馆的认识还局限在图书馆的范围内，要充分发挥数字化信息资源的作用还有很长的路要走。我国数字图书馆研究缺乏协调和协作的机制。数字图书馆研究是一项跨学科、跨行业的复杂的系统工程，需要各方面协调和合作，务必付出极大的努力才有可能取得成果。但由于没有强力机构进行统筹规划，许多单位都不愿正视数字图书馆研究的复杂性和艰巨性，建设的热情远远高于研究的热情，重复建设低水平的数字图书馆，造成有限的资金无谓的浪费。

（三）资源数字化是研究的重点

数字化信息资源的研究是当前我国数字图书馆研究的重点，在上面所提及的研究项目中都有专门的资源数字化的研究内容，在建设的数字图书馆中也有专门的资源数字化系统。

根据网络信息资源组织的需要，有些单位还开发了元数据格式，如广东省中山图书馆的《中文通用全文信息资源数字化格式》、清华大学的建筑元数据项目，北京大学的拓本和敦煌元数据项目等。这说明我国对信息资源数字化在数字图书馆中的重要性有比较明确的认识。

（四）目前存在的主要问题

国外政府对数字图书馆项目投入了大量经费支持，社会各界的支持也占有相应的比例，而目前我国对数字图书馆建设的投入仍显不足，投入机制不健全，周期长，见效慢，致使得数字图书馆建设缺乏连续性和系统性。因此，有必要形成一个多元化的投入体系。建设数字图书馆不仅需要国家投入，还需要地方政府、公司企业等各方面的投入。对于国家和地方政府投入应建立相应的法律法规，确保投入的稳定性和连续性。同时，政府还应出台有关政策法规，鼓励公司企业和个人对于图书馆数字化建设的投入，进而逐步形成国家、地方、企业、个人多方组成的多元化的投入体系和机制。目前在我国的数字图书馆信息资源建设中缺乏一个全国性的宏观规划，信息资源建设大多处于各自独立、相对分散的状态，造成重复建设问题非常严重。各种标准还没有完善，宏观管理有待加强。

第六节　数字图书馆的发展趋势与方向

一、数字图书馆的发展趋势

（一）从基于数字化资源向基于集成服务和用户信息活动的范式发展

数字图书馆的发展重点经历了几个阶段。第一代数字图书馆主要在特定文献资源数字化的基础上建立数字信息资源系统，它们往往作为独立系统嵌入到传统图书馆系统或上层机构信息系统中，将跨时空检索和传递特定数字化资源作为其主要任务，可称为基于数字化资源的数字图书馆。第二代数字图书馆致力于支持分布的数字信息系统间的互操作，支持这些系统间无缝交换和共享信息资源与服务，由此构造集成信息服务机制，形成基于集成信息服务的数字图书馆。这一代数字图书馆不再以文献数字化和具体数字资源库建设为核心，而主要是面向分布和多样化数字信息资源，通过服务集成构造统一的信息服务系统，将形成与传统图书馆不同的新系统形态和组织形态，是目前数字图书馆研究、开发和应用试验的主要形态。第三代数字图书馆将围绕用户信息活动和用户信息系统来组织、集成、嵌入数字信息资源和信息服务，从而更直接、深入、有效地支持用户检索、处理、利用信息来解决问题的全过程。因此，以用户信息活动为基础的第三代数字图书馆是今后的发展方向。

（二）数字信息存储的全息化

伴随着数字图书馆建设的不断进展，资源数据量越来越大，存储空间将成为影响数字图书馆应用的主要因素。数字图书馆中涉及的是海量的多媒体信息资源，在将它们保存到数据库之前必须进行压缩，以降低数据库成本，使数据库规模保持在可管理的范围内，因此需要着重研究能够适应快速访问的海量存储技术。从世界范围来看，凡是称作"数字图书馆计划"的，其存储的数据总量必然达到了海量规模。全息数字化技术的广泛应用以及新的压缩技术的出现，使数字化的资源所占空间大大降低，使存储设备的投入也大大减小，全息数据存储由于同时具有巨大的存储容量、高速的数据传输速率和短暂的访问响应时间等特点，它能够满足提供网上服务的要求。全息数字化技术将成为21世纪数字图书馆的主流数字化技术，全息数字化技术所生成的数字化资源都是全息的，而取代了简单扫描技术生成的资源，既保持了文献资源的信息完整，又增加了各种检索等功能，是未来数字图书馆资源的主要组成部分。

（三）多种资源的高度集成，易用性更强

多种资源的深度融合也是数字图书馆发展的一个基本特征，目前的数字图书馆资源种类绝大多数仍然以传统的书报刊等印刷版资源数字化为主，将来会扩展到声像制品、多媒体等资源。这些资源不只是简单地堆积到一起，而是进行了高度的集成和深度的融合。读者输入一个检索词，可以将各种各样的资源全部检索出来，阅读器是能够浏览、播放各种资源的超级阅读器。数字图书馆更具人性化和更加易用。信息导航技术、知识管理技术、全文检索技术、跨平台技术、智能检索代理技术以及推送技术的广泛应用都促使数字图书馆更加贴近用户，更加便于利用。

（四）数字化技术进一步完善

数字图书馆建设涉及计算机、网络通信等多领域多技术的综合集成，而计算机和网络通信技术发展十分迅猛，新技术层出不穷。数字图书馆需要涉及网络通信、多媒体信息处理、信息的压缩与解压缩、分布式信息处理、信息安全、数据仓库、基于内容的智能检索、超大规模数据计算、用户界面等多种技术。目前亟待解决的关键技术包括：①软件重用技术；②多语言处理技术；③自动识别技术；④因特网人工智能技术。数字图书馆的一个基本特征是传输网络化，这就要求数字图书馆具有高速信息传输通道，以方便用户快速获取所需要的信息。目前数字化技术正在不断完善。

（五）标准化建设取得较大进展

标准和规范化是实现数字图书馆资源共享的前提和根本保障。数字图书馆建设管理的信息和知识包括所有学科，数量极其巨大，类型特别繁多，而且包括了文字、表格、图像、音频等多种媒体的数字化表达，组织极其复杂；各单位所使用的软硬件规格不一、品牌庞杂。如何将众多的力量协调组织起来，实现网络的互联互通，资源的共建共享，管理的并

然有序，从技术管理的角度考虑，关键就在于标准化。有了标准化，才能把各单位开发出来的信息资源按统一的格式组织起来，既能和国际网络接轨，更能为各单位所共享，形成整体性信息资源；也才能用统一的检索标准建立起分布式的存储和检索系统，使信息资源能为广大用户便于利用；标准化是建设数字图书馆的重要保障。

（六）社会化和国际化趋势

数字图书馆将向着社会化、国际化方向发展。美国目前已有众多的科学、技术研究机构和多所著名大学组成合作小组，协同完成了数字化资源及数字图书馆技术的研究与开发，美国国家图书馆联盟就是一个组织全国 15 个大型图书馆及国家档案记录局的合作机构。此外，有些联盟还有著名的大公司加盟。1995 年法、日、英、德、意、美、加 7 国的国家图书馆在法国成立了 G7 集团，以后又扩展为 G8 集团，致力于数字图书馆的建设和发展工作。1997 环太平洋数字图书馆联盟成立，由太平洋地区的知名大学图书馆和国家图书馆共同实施，其中包括了我国的北京大学图书馆和中山大学图书馆，开展数字图书馆的合作研究计划，致力于合作开发多语种在线图书存取系统及多语种文档传输系统，形成大型分布式多语种数字图书馆。

二、数字图书馆建设的方向

（一）加强数字图书馆建设的战略管理

数字图书馆建设作为国家信息基础设施建设的重要组成部分，涉及各种各样的技术、管理和服务问题，因而不仅需要技术层面的微观研究，也需要决策层面的宏观探讨。数字图书馆是跨部门、跨行业的大系统工程，因此应该由政府出面，统一规划、组织和协调。数字图书馆要实现通过因特网为用户提供全方位的信息服务这一宏伟目标，就必须搞好信息资源的规划工作。为了正确把握数字图书馆的建设方向，提高项目建设的实际效益，避免在项目和技术选择上出现重大决策失误，有必要从战略管理的高度处理好数字图书馆建设中的一些宏观关系问题，如数字图书馆与传统图书馆关系、数字图书馆与国家信息基础设施建设、技术先进性与适用性、数字资源建设与整合、业务的社会化与个性化、项目建设与用户服务、馆际协作与资源共享、数字图书馆信息服务与知识产权保护、数字化建设与体制创新等，应该加强整体规划和可行性分析。

（二）加强特色化数字资源建设

建设数字图书馆必须重视信息资源的建设，数据库资料是数字图书馆的重要信息来源，必须考虑数据库的建设，避免网络上缺乏信息源，造成网络闲置的浪费。应从全局出发，合理建设和使用文献信息资源，不要盲目求新、求全、求高水平，应该加强资源共享，不要重复建库和重复引进造成浪费，要立足本馆、面向全球、形成特色。数字图书馆的服务对象不仅包括到馆的读者，更多的是网络环境下的用户，因此，要加强主页设计、建立数字馆藏，提供多种形式的远程服务。要深层次开发信息知识资源，建设各馆特色化数字资源，满足高层次读者用户存取需求。数字图书馆应该注意个性化服务和特色化资源的深层次开发，提高数字图书馆生存发展的核心竞争力，促使数字图书馆走向可持续发展之路。

（三）加强数字图书馆建设的合作与协调

数字图书馆的建设是跨部门、跨学科的并以高新技术为基础的艰巨复杂的系统工程，需要有关研究机构和部门通力合作和沟通，立足于一盘棋，打破各自为政、条块分割、重复建设的局面，以网络为依托进行整体化建设。在技术上，与外国技术企业加强合作，利用外国先进技术创建具有特色的数字图书馆。数字图书馆建设需要计算机界、软件工程界、通信网络工程界及其他方面结合成一个战略同盟。美国数字图书馆研究走的共同协作路线是值得借鉴的，在推进数字图书馆建设时，如果单凭政府投入或图书馆自身的资金和技术力量将很难完成这一艰巨任务。因此，图书馆界应该在认识到自身是建设主力的同时，主动与信息技术界、企业界等建立友好合作关系，广泛吸收资金、技术和人力，共同开展试验。并且应该加强数字图书馆的宏观管理，做好有关的协调工作。

（四）加强数字图书馆的可用性评价

可用性指的是系统必须具备一定的功能特征，如是否提供功能菜单、是否采用图形界面等。从使用上来说，可用性是指用户在一定的环境里完成一定的任务时，系统的性能或作用能否得到有效的体现。可用性是评价数字图书馆的一项重要质量指标，它涉及用户与数字图书馆交互的许多方面，甚至包括数字图书馆的安装和维护。可用性关系到数字图书馆的性能是否满足用户的需要，流程是否符合用户的习惯，效果是否达到用户的期望；对于数字图书馆的工作人员而言，可用性关系到工作的效率和数字图书馆存在的意义；对于数字图书馆的开发者而言，可用性直接决定着系统开发的成败。根据用户范围的不同，数字图书馆的可用性可以分为界面可用性和组织可用性两种，前者是指数字图书馆的用户界面能否满足具体用户的要求；后者是指数字图书馆能否与特定组织的实际工作相结合、满足实际工作的需要。

数字图书馆不仅将改变人们利用信息的方式和模式，还将影响人们利用信息的深度和广度。因此，建立一套评价数字图书馆可用性的原则具有十分重要的意义。评价数字图书馆可用性的原则可以概括为：

（1）易学：数字图书馆应该易于学习，用户可以在很短时间内掌握其使用方法；系统应该给用户提供培训的机会和咨询的途径，在使用过程中遇到问题时能得到及时的帮助。

（2）易记：数字图书馆的体系结构、界面、功能和操作要有一致性，进而提高其助记性；尽量减轻用户的记忆负担，当用户在间隔一段时间后再次利用数字图书馆时，不必重新学习使用方法。

（3）高效：数字图书馆必须是一个高效的系统，能有效地满足用户的信息需求，用户利用数字图书馆获取信息比利用其他途径有更高的效率。

（4）容错：数字图书馆应该有较强的容错能力，确保系统能够连续正确运行；用户出现操作失误时系统要及时报告，提出修改建议或自行修复。

（5）愉悦：用户在利用数字图书馆的过程中，感觉应该是轻松的、心情是愉快的、结果是令人满意的，系统要设法排除用户利用过程中容易产生的沮丧、厌烦、挫折的情绪。

（6）服务差异化：网络使得世界各地的用户都可以利用数字图书馆提供的服务，而在不同社会、不同文化背景和不同知识层面下用户的要求是不一样的。因此，数字图书馆要根据用户的认知方式和行为特性，根据用户的阅读习惯和查询要求，为用户提供差异化的服务。数字图书馆系统必须适合用户或组织工作的实际情况，包括系统是否适应工作流程的需要，是否符合用户获取信息的习惯，是否与计算机系统和通信设备相匹配等经济上的可行性。数字图书馆是一项高投入、高产出的系统工程，必须对数字图书馆的经济效益和社会效益作全面的估价，对用户利用数字图书馆的经济承受能力也要有充分的考虑。

（五）加强数字图书馆的知识管理

数字图书馆知识管理就是通过对数字图书馆所拥有的包括信息及知识各种要素在内的所有智力资本进行组织、开发和运营，实现知识创新、知识扩散和知识增值的过程。其主要内容包括：①知识创新，是指以创造性思维来建设与管理数字图书馆。数字图书馆是一种网络环境下的全新的图书馆形态，具有与传统图书馆完全不同的理念追求、运作方式和管理模式，要有效地进行数字图书馆建设实践，必然要创新图书馆学知识。数字图书馆工作人员将成为发展和创新图书馆学的一支重要力量；②知识组织，是指把数字图书馆资源中的各种知识因子和知识关联表示出来，以便人们识别和理解。知识组织的方法多种多样，依知识的内部结构特征，可分为知识因子组织方法和知识关联组织方法；依知识组织的语言学原理，可分为语法组织方法、语义组织方法和语用组织方法；③知识开发，是在对数字图书馆信息的获取和预处理的基础上，通过数据挖掘和知识发现等方法，对有关的信息进行提炼、精简与分析，发现隐含在其中的具有规律认识的有用知识，通过对信息的深层次加工，从形成有独特价值的知识产品；④知识扩散和应用，是指对数字图书馆的知识产品进行传播和利用，如知识信息导航、知识信息评价、知识信息咨询、知识营销等，从而实现知识的增值。数字图书馆要实现有效的知识管理，关键是要建立适合知识管理的组织管理机制、技术机制以及有利于创新、交流、学习和知识应用的环境和激励机制。目前，针对知识组织和知识管理的多种智能技术和软件技术，如元数据技术、XML可扩展性结构化标记语言、智能Agent技术、数据采掘技术、个人知识管理软件工具、数据仓库、知识发现、数据融合、智能搜索等已在数字图书馆中得到了广泛应用，在面向内容和知识管理的数字图书馆设计中尤其得到强调，极大地提升了数字图书馆知识组织和管理的效率。

（六）加强数字图书馆的标准化管理

数字图书馆建设需要很多图书、情报、档案机构、各种信息中心和文化设施等众多部门和单位共同参与；它所管理的信息和知识包括了所有学科，数量极其巨大，类型特别繁多，而且包括文字、表格、图像、音频等多种媒体的数字化表达和无缝连接，组织极其复杂。如何将众多的力量协调组织起来，实现网络的互联互通，资源的共建共享，管理的有序化，关键就在于标准化。因此，标准化与规范化便成为数字图书馆建设的一个十分突出的问题，并成为实现数字图书馆资源共享的前提和根本保障，将直接影响数据库的质量和服务效果。数字图书馆需要多个标准之间的联系和协调，更需要建立有关的标准体系。如数字图书馆的资源储备、描述与标识、检索查询、交换和使用的标准与规范等。建设数字图书馆主要涉及两方面标准。首先是直接涉及文献信息工作本身的技术标准，包括通用标准、出版专业通用标准和相关标准、图书情报专业通用标准和相关标准、档案专业通用标准和相关标准等。其次是有关计算机、通信和数据库建设的标准。目前数字图书馆的标准和规范仍然存在大量空白。例如，评价信息网站的标准及规范、数字图书馆系统软件的标准和评价指标、数字图书馆质量保证体系及质量认证标准等，有待进一步建立与应用。

（七）加强数字图书馆用户的研究与关系管理

用户是数字图书馆建设的出发点，也是数字图书馆赖以生存和发展的基本条件之一，因此，务必重视数字图书馆的用户研究，以用户需求为导向来进行数字图书馆资源建设和管理。用户关系管理是通过有关的管理技术和方法对用户进行系统化研究，识别有价值的用户，对用户进行沟通和教育培训等工作，进而改进服务，提高用户的满意度。数字图书馆用户的基本特征是类型比较多、范围广、需求变化大，目前又以团体用户为主，集体统一购买某方面资源的使用权。数字图书馆的用户关系管理具有如下的一些特点：数字图书馆用户关系管理的核心思想是将用户关系作为一种重要的资源，深入对用户的需求进行分析，通过完善服务来满足用户的需求；它将注意力集中于用户发展，以便使潜在用户变成现实客户、现实用户变成忠诚用户；通过满足用户的需求，与用户建立长期稳定的关系，从而不断拓展产品或服务的范围。数字图书馆用户关系管理是从"内视型"向"外视型"的视角转变，过去数字图书馆管理的着眼点在后台即资源建设，而对前台即直接面对用户服务等方面注意不够。随着数字图书馆服务的发展，完全依靠的"内视型"管理模式难以适应新的发展要求，必须转变为用"外视型"的观念来去研究和发展用户。用户关系管理目的在于发现、了解、预测和管理现有或潜在的用户。数字图书馆用户关系管理通过搜集、跟踪和分析用户的有关信息，观察和研究用户的行为，使用户的关系及时得到优化，有针对性地发展和管理用户关系，为用户提供相应的产品或服务，以实现用户价值最大化和数字图书馆收益最大化之间的平衡。数字图书馆用户关系管理涉及许多方面，是对数字图书馆与用户之间发生的各种关系进行全面管理，而不是数字图书馆某一方面或某一阶段的短期行为，是围绕用户的有关行为而进行有效管理的一种长期战略。随着数字图书馆的进一步发展，数字图书馆之间的竞争会越来越激烈。目前有些数字图书馆的管理体制已是经营实体，国内外数字图书馆系统也在开始展开对用户的争夺。用户关系管理利用先进的信息技术，正确分析用户的需求，以最快的速度响应和满足用户的需求，从而能够在最大范围内吸引更多的用户。良好的用户关系管理不仅挽留现有的用户，而且还可挽回已经失去的用户，同时争取更多的用户。

用户关系管理的目的是实现用户价值的最大化，不同的用户具有不同的关系价值，用户关系管理的实施让用户和潜在用户感到自己受到重视，成为数字图书馆服务的使用者和支持者。因此，用户关系管理的实施有利于形成竞争优势，进而增强竞争力。数字图书馆用户研究和关系管理的主要内容包括：①数字图书馆用户的需求分析；②数字图书馆用户的数据管理和挖掘；③数字图书馆用户的分类研究；④数字图书馆用户的心理行为研究；⑤数字图书馆的用户教育；⑥数字图书馆用户的服务效果评价；⑦数字图书馆服务方式的改进；⑧数字图书馆用户的人文关怀。

第七节　数字时代的国家书目

一、背景概况

（一）国家书目的内涵与价值

国家书目是一个国家全部出版物的历史与现状的记录，是揭示与报道一个国家在一定时期内出版的所有文献的总目录，包括报道最近出版物的现行国家书目和反映一定历史时期内出版物的回溯性国家书目。它客观地反映出版状况，系统地报道文献，是检索情报资料的重要工具。通过国家书目能够反映一个国家的政治、经济、文化的发展状况与水平。如同镜子能够反映每个人的独特之处，国家书目可以反映一个国家的特质。

伴随着数字时代的来临和蓬勃发展，国家书目已由传统的对印刷型出版物或实体出版物的单一书目揭示拓展到涵盖多种文献类型、多种载体形式、多种语言文种的集书目、书影、目次和全文信息等的立体化展示，其服务对象也面临着由主要为图书馆服务向同时为图书馆、出版社、书商、政府机构和个人读者服务的转变。国际图联书目专业组委员会就国家书目如何应对电子媒体，尤其是网络出版物日益壮大的发展趋势，专门起草了数字时代的国家书目指南（2009年正式发布），文中尤其从使用需求和用户角度出发给出了国家书目的价值、选择原则、编目和功能界面的诸多建议，描绘了数字时代国家书目的广阔前景。

也就是说在传统图书馆和数字图书馆的融合发展过程中，书目发挥着其不容忽视的基础性作用和连接纽带作用，计算机和信息处理技术在图书馆的应用起源于机读目录的诞生，网络技术在图书馆的推广最早应用于联机联合编目，国家书目的质量一定程度上决定了数字图书馆服务业态下传统资源与数字资源的整合效率和服务效益，直接影响着用户的使用体验和数字图书馆的服务质量。

（二）国外国家书目的概况

环顾世界各国，全世界200多个国家和地区，约有90个国家拥有国家书目，较著名的有：《英国国家书目》《法国和世界法语出版物总书目》《德国书目》等。美国没有正式的国家书目，而代之以美国国会图书馆联合北美地区图书馆共同编纂的联合目录（National Union Catalog，简称NUC），其收藏包括国会图书馆在内的北美1 100个图书馆的资源，其收录全面，著录完备，在一定程度上起着国家书目的作用。

大部分国家书目的数据来源都是该国的国家级联合编目系统，或在此基础上完善，或直接使用联合编目系统作为发布平台；国家书目的发布经历了从印刷型书目到光盘版再到网络平台发布的过渡；各国国家书目的收录范围在客观条件允许的前提下涵盖了印刷型出版物、电子出版物和网络资源等，特别是随着出版形式的变化，收录的资源越来越多样化，收录的内容也从本国出版物延伸到其他国家研究本国的出版物以及国人在境外出版的作品。

（三）中国国家书目的历史

我国历史文化悠久，典籍丰富。自汉代以来就有着国家编制书目的传统。各朝官修书目、艺文志反映了我国古代的图书概貌。我国历史上最早有计划、有组织的书目工作可追溯至汉代的《汉书·艺文志》。它以刘向、刘歆的《别录》《七略》为蓝本，是现存距今最早具有国家书目性质的文献。及至清代《四库全书总目》，可谓达到了中国古代官修书目的巅峰。

新中国成立后，先后由新闻出版总署和新华书店编辑《全国新书目》和《全国总书目》，成为了解最新出版动态的重要工具，后由版本图书馆统一编辑维持至今。而根据联合国教科文组织的要求，国家图书馆（时称北京图书馆）自1985年起开始了中国国家书目的编纂，1987年出版了《中国国家书目》（1985），这是我国首部正式以"国家书目"命名的书目，具有真正国家书目的意义。之后相继出版了1986年本、1987年本、1991年本、1992年本、1993年本、1994年本。可以说《中国国家书目》编纂计划充分体现了先进文化思想与现代书目控制理念，产生了很好的社会效益。

二、中国国家书目的数字化实践

（一）全国图书馆联合编目中心的成立

20世纪90年代，随着计算机技术与信息技术的迅猛发展，图书馆编目工作的环境与技术发生了巨大的变化。编目工作从传统、手工、封闭的独立操作向着机读化、网络化、集成化、社会化的方向发展，推动着书目也从书本式、印刷式向计算机可自动存取形式转变，传统的编目工作从集中模式向联合模式转变，区域间的合作共享纷纷崛起。

1997年10月，依托于国家图书馆的全国图书馆联合编目中心应运而生，该机构是国内第一家全国性联合编目机构，中心本着为全社会文献信息机构服务的宗旨，切实履行公益性服务理念，通过统一规划、统一标准、逐步推进、合作建设、协调管理，采用中心—分中心—成员馆的组织架构，积极推动全国信息资源共建共享的进程，实现了联合编目事业的科学管理与可持续发展。

（二）全国图书馆联合编目中心的资源建设

十余年来全国图书馆联合编目中心本着"资源共享、优势互补、互利互惠"的原则，将图书馆丰富的书目数据资源和人力资源整合起来，通过全国各级各类图书馆的携手合作、群策群力，特别是分中心的大力支持，实现了书目资源的共建共享，产生了良好的社会效益。联合目录在一定程度上较好履行了国家书目的重要职能。

截至 2012 年 6 月联合目录中外文数据量已达 961 万余条，其中中文书目数据 5 328 749 条，包括图书、期刊、报纸、学位论文、音像资料、电子资源、缩微文献等，外文书目数据 3 044 560 条，涵盖英文、俄文、日文、德文、法文、韩文、阿拉伯文等 80 余个语种的文献，名称规范数据 1 120 741 条，主题规范数据 118 672 条。为了将全国图书馆联合编目中心打造成最完整最优质的书目信息集散地，中心在开拓图书、期刊、音像资料、电子资源等文献类型的基础上，逐步开展特色文献资源的数据采集，包括少年儿童出版物、学位论文、海外中文图书等。截至目前取得书目上传资格的公共馆有 32 家，联编中心的数据上传量也逐年提高，近两年除国家图书馆上传的书目外，中心数据库每月新增量逾万条，2012 年 5 月成员馆（除国家图书馆外）上传数据更是达到了 17，912 条。数字环境下，随着文献类型的不断拓展，信息资源的不断丰富，联合目录共建共享的广度和深度都将大幅度提升。

（三）全国图书馆联合编目中心的服务成效

2011—2012 年度，全国图书馆联合编目中心切实履行公益性服务的宗旨，不断深化业界服务内容，创新服务方式，提升服务水平，实现了对成员馆的免费数据服务，有效扩大了服务规模；实现了由单一的书目共享向共建文献资源联合馆藏体系的巨大转变，并取得突破性的进展；探索了与版本图书馆的资源共享模式，取得了阶段性成果。尤其是中心面向全国各类成员馆免费开放书目数据以来，2011 年新增成员馆 189 家，全年用户下载数据量 3 940 232 条，较往年翻番。截至 2012 年 5 月，中心已发展成员馆 1035 家，成立了 16 个分中心，为构建全国文献资源保障体系打下了坚实的基础。

在标准规范建设和应用方面，中心从数据制作标准、上传数据流程、系统操作规则等层面进行了严格把关，多次组织修订讨论和业界交流，前期加强对上传数据编目员的培训和资质确认，后期联合各馆有资质的编目员共同监督数据库的质量。并通过多年的实践形成了良好的共建共享机制，确保了中心数据库的统一和质量控制，在 2010 年的联合编目新系统切换过程中确保了有序过渡。

在人才建设方面，除了定期组织上传资格培训（自 2000 年以来，全国已有约 2 558

名编目员取得中心的上传资格，组织各类培训 40 余次），为更好地将成员馆人力资源整合起来，中心 2011 年还通过各馆推荐、集中培训和考核的方式，正式聘请了 28 名全国骨干上传馆的资深编目员担任中心的质量监控员，由中心统一管理，在统一平台参与中心数据库的日常维护，自 2011 年 6 月启动以来，通过定期发送待审清单的模式，质量监控员完成了 20 000 余条书目数据的审校工作，中心总审校和质量监控员之间实时的远程指导和双向反馈，既培养了编目队伍，又提高了数据质量，起到了事半功倍的效果。联合编目中心真正实现了从书目数据共建共享延展到人力资源的共建共享，联合各骨干上传馆共同监控数据质量。

三、联合编目平台的功能与作为

（一）联合编目系统的功能介绍

国家数字图书馆工程全国联合编目子项目于 2005 年启动，目的是借助联编系统的优势，进一步推动网络环境下全国图书馆联合编目工作的开展，真正实现全国范围联合目录的建立，进而拓展信息资源共建共享领域的全方位服务，为数字图书馆的建设打下坚实的基础。该项目于 2010 年 7 月完成基本开发，同年 10 月试运行，2011 年 1 月 1 日正式面向成员馆、数据用户和普通读者提供服务。

Aleph 联合编目系统（以下简称 UCS 系统）是以色列艾利贝斯公司基于 Aleph 图书馆自动化系统，根据全国图书馆联合编目中心的需求，设计和开发的新一代联合编目系统。它实现了图书馆集成管理系统、联合编目系统和联合目录系统的无缝集成。不仅可以应用于全国图书馆联合编目中心，同时也可作为区域性图书馆联盟的基础业务平台，实现区域图书馆联盟成员的图书馆业务集成管理、联合编目、联合目录以及馆际互借等一体化建设。UCS 系统提供了完备的系统作业平台，为国家图书馆、省级图书馆成员、其他图书馆成员、普通数据用户成员，包括 Aleph 用户和非 Aleph 用户，分别提供了合适的工作入口和界面，以实现功能、数据、流程的集成和最佳工作效率，同时也为普通读者提供了以用户体验为中心的全面 Web 2.0 服务。

（二）联合目录的建设情况

新系统上线为联合编目事业迎来了新的发展机遇。借助该平台，中心不仅实现了日常的上传、下载流程的多角色多层级控制，而且开始全方位收割和管理成员馆馆藏，并建立全国范围的联合目录，使联合编目不仅服务于图书馆的采编工作，进而延展服务于图书馆的读者服务工作。2010—2011 年先后两次面向分中心和骨干成员馆下发馆藏征集函，通过电话征询和到馆交流的形式与成员馆沟通，得到大家的积极响应，得到了近 50 家成员馆（覆盖省、自治区、直辖市及骨干市级馆）的馆藏书目，共计 2434 万余条，并处理完成省级成员馆 28 家、骨干市级馆 13 家的 1486 万余条馆藏信息的添加工作。截至 2012 年 5 月中心馆藏库总量突破 2320 万条，全国图书馆联合馆藏体系初见规模。借助建立的联合目录，中心在 2011 年辅助完成了革命历史文献联合目录的初期建设，以及少年儿童图书馆馆藏推荐书目的制作，对联合目录的专题挖掘是联合编目工作拓展的一个方向，也是深化国家书目服务的有益尝试。

（三）联合编目系统的应用前景

目前国家图书馆通过网站和手机服务平台已经启用联合目录数据为读者提供检索和服务，发挥联合目录多馆藏的服务价值，让读者不仅能够查找是否有此文献，而且能够了解到哪些图书馆有此文献，再借助准备开发的地图显示功能和 GPS 导航功能将辅助读者就近获取提供服务的图书馆。同时图书馆用户通过联合目录系统不仅可以了解文献出版发行情况，也可了解文献的各馆分藏情况，辅助本馆的馆藏建设。此外，通过联合目录馆藏数据库的信息确认，只要找到对应实体馆藏信息，国家图书馆数字资源分发系统即可向该馆发送相应的数字化产品或实现相应产品的远程获取授权，极大降低各馆馆藏数字化的成本。

联合编目系统是一个开放式的系统，可通过与相关系统的相互链接，将全国的图书馆资源融合成一个整体，形成包括多种资源类型、多种服务方式的资源保障能力，进而形成多级文献保障体系；实体资源普查登记平台（即目前的联合编目系统）与数字资源普查登记平台，文献资源与馆际互借服务系统、参考咨询服务系统的有机结合，将形成整体性资源建设和共享机制。这是数字图书馆服务形式下，信息资源和信息服务的发展趋势，也是数字图书馆推广工程的实施目标之一。

四、联合共建的启示与建议

（一）联合编目的实践经验

新的联合编目系统平台为国家书目的建设提供了契机，新的质量监控员共建机制为完善国家书目提供了智力支持，不断结合新的资源特征的编目规则和数据制作标准为数字时代的国家书目注入了活力，使其更具生命力。当然在联合共建的过程中我们也发现了一些问题，在这里与各馆进行交流：①数据标准化问题。联合编目业务历来重视统一规则、统一标准，在联合编目业务和联合目录构建过程中起到了至关重要的作用。但在实际操作过程中，也存在编目员对数据格式、著录细则、规范控制的掌握不尽一致，致使同一种文献产生了多种不同的编目数据，给共享编目特别是联合馆藏查重挂接工作造成了巨大障碍，进而影响到用户的利益。考虑到未来出版物形式的多样化，信息源的不规范等状况，在建设地区性联合目录或数字资源普查登记中，需要特别注意标准化建设，尤其是标准规范的可操作性，它是联合共建的基石。尤其在揭示不同载体形态的资源时，需要注意同种作品的关联性，数据制作标准尽可能统一或者建立准确的连接。②系统兼容性问题。在联合编目的多年实践中我们发现由于各馆采用不同的集成化管理系统，某些系统在初期没有考虑或较少考虑系统软件开发标准的统一、兼容问题，没有或仅部分支持通用的交互协议或技术标准，使得编目系统的各项功能存在差异，通用性、适用性差，共建共享的工作受到一定的影响。在建设地区性联合目录或数字资源的统一登记、统一检索和统一调度中，力求从平台建立的初期就保证对不同接口和标准协议的支持，便于后续顺利实现与相关系统的连接，进而拓展服务。

（二）联合目录的建设建议

目前的联合目录作为实体馆藏普查平台，既揭示了一个国家的实体出版情况，又揭示了文献资源在全国的分藏情况，图书馆通过此平台不仅能共建共享书目信息，还能借助联合目录的衍生产品，如馆藏分析成果，了解同类型、同级别或同区域图书馆馆藏情况，有针对性地建立特色馆藏，实现图书馆间文献资源的合理布局，提升馆藏文献的质量和服务水平。同时借助国家书目的完整数据源，各地方馆也可以更便捷地建立或完善区域性的联合目录或地方文献专题目录库。

中心在征集和整理成员馆馆藏书目过程中陆续添加了一些地区性联合目录的数据（如青岛市地区 5 馆联合目录、武汉地区图书馆联合目录、北京地区图书馆联合目录、杭州地区图书馆联合目录、成都地区图书馆联合目录、嘉兴市地区 6 馆联合目录、宁波市图书馆联合目录、山西省图书馆集群管理系统、陕西省图书馆联合目录等），在全国联合目录的大体系下整合共建区域性联合目录是中心未来考虑的发展方向，进而形成全国性联合目录，区域性联合目录，各图书馆，读者用户的服务格局。

为了提高联合馆藏的实时性和准确性，目前有三种馆藏更新方式可供借鉴。

（1）在线添加、修改或删除本馆馆藏：这是目前区域性联合目录在新建馆藏时主要采取的方式，地区联盟内的各馆在统一自动化平台制作和完善数据，从而实现新增馆藏信息的实时更新；对于全国联合编目中心的用户既可以使用联合编目客户端直接在线操作，未来系统完成异构上载接口开发后各馆也可以使用本馆客户端实现各馆本地的自动化系统向联合编目系统的异构上载操作。

（2）批量提交完整书目数据查重灌装馆藏：这种方式主要便于大批量回溯数据或指定时间段的馆藏上载和更新，目的是快速建立起基础馆藏信息库；2010 和 2011 年中心建立全国联合目录集中采用的就是这种方式，由各馆从系统内导出带系统控制号的完整书目数据，中心进行统一查重灌装。

（3）远程收割 OPAC 书目信息通过 ISBN 或其他条件查重匹配添加馆藏：这种方式主要用于便捷获取完整有效馆藏实现馆藏信息的补充和更新，中心正在进行小范围测试。

综合来看，第一种方式准确性和实时性最有保证，但需要系统支持和配套的人力支持；第二种方式准确性基本能保证，但实时性有所欠缺，数据差异性导致的人工成本（主要是针对系统不能自动匹配添加馆藏的部分）未知；第三种方式实时性基本能保证，但准确性较差，尤其是对没有 ISBN 的资源或一号多书的资源，可能会误导读者。最科学的方式是整合三种手段，取长补短，保证联合目录提供的馆藏信息完整、准确、及时、可用。各地方馆在建设区域性联合目录的过程中可以根据本地区的系统状况和数据资源情况选择最经济有效的方式进行。

五、中国国家书目门户的构想

为了强化和深化数字时代国家书目的服务职能，全力整合书目资源、及时报道文化建设的最新成果、集中展示中华文明的优秀传统，国家图书馆2012年正式启动了中国国家书目门户系统的建设，预计2012年底发布2011年中国国家书目网络版。借助数字图书馆的相关建设成果在全国建立集中式的国家书目网络系统，利用系统所涵盖的文献资源优势和在全国范围形成的广泛影响力，推动跨行业、跨系统、跨区域的网络合作，最终实现全国范围的协调采购、馆际互借和联合参考咨询。

（一）收录范围

国家图书馆2011年年底确定了最新的中国国家书目收录范围，收录原则为"领土—语言"原则，收录中文普通图书、少数民族语文图书、连续出版物、音像制品、电子出版物、盲文读物（适时启动）、本国出版的各种外国语言文献、台港澳及海外中文图书、学位论文、中文资料（适时启动）、海外中国学文献（包括海外研究中国的文献以及华人在海外出版的文献，适时启动）、数字出版物（适时启动）等元数据信息和馆藏信息。

（二）数据来源

国家书目门户的数据基础是书目，主要来源于联合目录数据库，适时接收和整合部分CIP数据和出版社、书商数据，以提升国家书目的完整性和及时性。数据格式将涵盖MARC、DC、Excel等多种类型，MARC数据涉及CNMARC和MARC21两种格式，随着服务的深入还将拓展其他数据形式。为了改善门户的使用体验，将结合数字图书馆相关建设成果集成显示书影、目次和有版权许可的全文信息。

（三）功能设计

国家书目门户的功能由发布管理、检索和展示、个性化服务、出版文献统计、系统管理等五大模块组成，力求实现对不同用户群体的一站式服务体验。以图书馆用户为例：编目员可以借助国家书目进行辅助编目，通过查找相似记录和规范记录，实现相关作品的集合显示，进而提高书目揭示的准确性和友好度；采选馆员可以利用国家书目获取出版物信息（包括最新出版物和绝版出版物），识别出版社和发行商或者确定出版状况，利用国家书目分析现行的出版物，了解最新出版趋势，根据馆藏建设原则进行采选和补藏；参考咨询馆员能借助国家书目门户实现便利检索，为读者查找所需文献（无论是馆藏还是非馆藏），可按专题设定个性化关注领域，接收定期的书目推送服务，借助国家书目的统计分析辅助参考咨询。

（四）建设目标

国家书目门户的建设目标是在现有自动化系统和数字化环境的大框架下，借助数字图书馆实现全面的、多角度的、多元化的国家书目的集成发布、展示、检索和推送服务。

首先，应当为国内外图书馆及同类机构提供采选便利，促进图书馆高效低成本的编目，推进文献提供的信息查找和检索；同时，提供一国出版物的统计，提供政府政策对教育、语言、经济项目等带来的影响，是公众的重要信息资源；为国内外个人读者，提供多样化的用户体验；再次，对于出版机构，国家书目可以成为其重要的推广工具，也可以了解整个出版业的宏观情况和市场、竞争态势，指导其出版选题。此外，网络版国家书目还可以与上游供应商合作打造中国可供书目，也可以与版权管理机构合作，进行版权登记和管理，还可以与数字化产品结合提供立体化的国家书目等。

我们坚信，借助国家数字图书馆的一系列建设成果，依托数字图书馆推广工程，国家书目的资源与服务实现全民共享指日可待，覆盖全国的文献资源保障体系将为全民信息服务提供基本保证。这是图书馆人的历史使命，相信有了大家的齐心协力、共同参与，数字时代的国家书目必将绽放夺目的光彩。

第八节　古籍数字化与共建共享

在全球网络化的今天，数字图书馆的作用日益彰显，公众根据自己的需求，可借助通信设备随时随地在没有围墙的图书馆检索和阅读各类型资料，这其中就包括古籍文献。古籍数字化资源是数字图书馆资源的重要组成内容。中华古代典籍是中华民族记忆的载体，是民族智慧和文明成果的结晶，是祖先留给我们的宝贵精神财富。图书馆肩负传承文明的历史重担，不但要保存保护好古籍，还要使其化身千百、服务社会。古籍数字化服务能够有效解决古籍保护和利用的矛盾，是传承文明、服务社会最重要的方式之一。

国务院办公厅颁布的《关于进一步加强古籍保护工作的意见》（国办发〔2007〕6号）中明确指出要制定古籍数字化标准，规范古籍数字化工作，建立古籍数字资源库。党的十七届六中全会提出，要"推进文化典籍资源数字化"。这是向图书馆古籍工作者提出的重要任务，是当前大力推进古籍数字化的有利契机。

一、古籍数字化实践成果

我国自20世纪80年代开始进行古籍数字化工作，经过几十年的探索与开发，取得了显著成果。在现存约15万个品种50万个古籍版本中，目前已完成大约3万个古籍品种的数字加工，超过20亿字的全文文本格式及数千万图像格式，并形成了较为成熟的古籍数字化技术和标准。

在书目数据库方面，拥有古籍馆藏的图书收藏机构大部分都建立了古籍书目数据库，同时运用信息系统技术建立了众多古籍联合目录数据库。在全文数据库方面，也涌现了大量古籍数字化成果，较有代表性的包括：国家图书馆古籍数字资源库，北京大学数字图书馆古文献资源库，上海图书馆馆藏善本古籍、家谱全文影像数据库，大学数字图书馆国际合作计划（CADAL），文渊阁《四库全书》电子版，中国基本古籍库等等。

国家图书馆是国内最早开展古籍数字化的图书馆之一，采用多种方式开展了古籍数字化工作，包括原件的数字化，缩微数字化，国际合作海外古籍文献数字化等。总计约3万余种。

国内大陆以外，港台地区以及汉文古籍收藏较多的英国、美国、日本等国在中文古籍数字化上都取得了一些颇有影响的成果。

二、古籍数字化建设面临的主要问题

我国的古籍数字化虽然取得了一定的成绩，但问题仍然凸显，并有待解决，主要表现在：

（一）缺乏统一规划，重复建设严重

我国古籍数量庞大，且分散收藏各地。各收藏单位根据自身业务建设需要进行规划和开发馆藏数字化的工作。从全国古籍数字化工作来看，基本处于一种缺乏宏观管理和调控的状态。文渊阁《四库全书》至少已有三家进行过影像的数字化（上海人民出版社与迪志文化出版有限公司的光盘版，武汉大学出版社的光盘版，"中美百万册书数字图书馆"的网络版等），一家进行了影像全文文本的数字化（上海人民出版社与迪志文化出版有限公司的网络版）。二十五史数字版本就更多，导致人力、财力、物力的浪费。

（二）缺乏统一标准，阻碍资源共享

就我国现已完成的古籍数字化成果来看，由于最初采取的往往是封闭式建设模式，各单位在著录格式、数据格式、文字编码等方面均存在差异。

在著录格式上，国家图书馆编写了《汉语文古籍机读目录格式使用手册》，并且按照MARC格式著录馆藏古籍，有些图书馆采用的是都柏林核心元数据集DC数据格式进行古籍著录，还有不少图书馆是运用自己的方式著录古籍。著录格式的不统一，使得各馆编目数据的交换困难重重，即使借助一定的软件依然需要很多的人工干预，非常不利于今后古籍资源的共建共享。

由于信息技术的快速发展和商业机构发展利益的需要，古籍数字化对象数据格式在选择上也面临繁多和复杂的局面，这其中有国际标准、事实标准，也有商业标准。古籍著录大部分采用繁体字著录，但也有采用简体字著录的。由于选择字库不同，致使得数据的交换无法直接进行，而只能通过专门的软件作为中介，进行格式和文字的统一。由于著录标准上的差异，今后即便能将这些数据汇入统一的数据库进行检索或跨库检索，也会给读者

的使用带来诸多不便，致使无法真正实现国家乃至世界范围内的资源共享。

（三）缺乏经费支撑，区域发展不均

近年来包括国家图书馆、上海图书馆、北京大学图书馆、浙江大学 CADAL 管理中心等在内的古籍收藏机构已启动了一批古籍数字化工程项目，凭借资金、资源、人才上的优势，各自取得了十分显著的成果。但大多数图书馆由于经费匮乏、技术力量薄弱，古籍数字化工作仍然比较落后，通常还停留在图书扫描、部分普通书目数据库建设等简单数字化阶段，还有一些图书馆这方面的工作至今尚未启动。

（四）无统一发布平台，不利用户查询

由于古籍数字化成果没有统一的发布平台，各单位、各系统按照自己的规则发布，存在光盘版、网络版、局域网发布等多种方式，其中局域网发布又占了很大比例，因此虽然已有大量古籍数字化产品，但读者能够看到的却不多。从国家古籍保护中心对全国图书馆进行的调研中发现，古籍书目数据库大部分对外开放，而绝大部分图书馆的全文影像数字化产品只提供在馆阅览，不提供互联网服务，用户利用非常不便。

上述问题的存在，严重阻碍和制约了古籍数字化工作的深入开展。古籍数字化工作亟待统一规划，统一标准，合作共建，资源共享。

三、中华古籍数字资源库建设

中华古籍数字资源库是中华古籍保护计划的一个重要项目。在文化部领导下，国家古籍保护中心拟订了"中华古籍数字资源库建设方案"，计划第一阶段从入选《国家珍贵古籍名录》的古籍入手开展数字化工作，再以此为基础，进一步建立品种版本齐全的中华古籍数字资源库。

（一）整体规划

中华古籍数字资源库由全国古籍保护工作部际联席会议和文化部统筹规划，国家古籍保护中心和各省级古籍保护中心组织全国古籍收藏单位共同合作实施。按照统一标准开展古籍数字化工作，建立全面反映中华古籍品种和版本的中华古籍联合书目数据库和古籍影像资源库，包括汉文和少数民族古籍、甲骨文、简帛古籍、敦煌遗书、碑帖拓本、舆图等。

中华古籍数字资源库第一阶段的建设拟从《国家珍贵古籍名录》入手，计划在五年内完成一万种国家级珍贵古籍元数据和影像数据的建库工作。其次将范围扩大到善本古籍，最后扩展到普通古籍，用 20 年左右时间完成大约 15 万品种 50 万版本的古籍数字化。

为积累操作流程、使用标准、发布方式等各方面经验，拟选取基础条件较好、入选《名录》古籍较多的单位先行试点，为全面数字化打下基础，从小到大，逐步展开。

（二）中华古籍数字资源库的建设原则

1. 统一规划

由全国古籍保护工作部际联席会议单位和文化部统一领导，由国家古籍保护中心和各省级古籍保护中心负责组织实施。国家古籍保护中心负责整体规划及前期各项工作，调研古籍数字化进展情况，编制古籍数字化工作手册，拟定目录，培训人员，向省级古籍保护中心下达"中华古籍数字资源库"建设任务书。根据任务完成情况，组织专家和技术人员验收数字化成果，达到标准的正式发布，并支付相应费用；不达标的指导修改或重新制作，直至验收合格。

2. 统一标准

古籍数字化标准的先行建设是古籍数字化建设成果长期保存和最大限度共享利用的保障。古籍数字化标准规范体系建设要以实现古籍资源的共建共享为基本目的，优先采用已经成熟的国际标准和通用规范，认真贯彻执行国家标准和行业标准。建立全国统一标准，包括元数据著录标准、数字化影像标准、资源格式标准、资源标引标准、数字化古籍长期保存和发布标准等。

在多年的数字化实践中，陆续出台了一些相关标准。如《古籍著录规则》《古籍描述元数据著录规则》《汉语文机读目录格式使用手册》等等。目前大部分古籍数字化标准规范已经研发完成，可直接参照执行。国家古籍保护中心目前已组织人员编制"古籍数字化手册"，对即将开展的古籍数字化工作进行规范。

3. 合作共建

中华古籍数字资源库拟采用集中检索、分布建设管理模式。数据拟借助数字图书馆工程的平台发布，实现元数据和影像数据的集中检索和管理。

全国古籍收藏单位分工协作，按照国家古籍保护中心拟定的数字化目录和标准，在省级古籍保护中心领导下开展古籍数字化工作。

各省级古籍保护中心领导所属藏书单位开展古籍数字化工作，建成的数字影像资源存储在藏书单位的服务器上进行管理，同时建立统一接口，将古籍数字影像资源与中华古籍数字资源库元数据进行关联。古籍数字化应利用各藏书单位已经数字化并符合项目标准的成果，不搞重复建设，确保各自权益，进而实现中华古籍数字资源的合作共建。

4. 资源共享

古籍数字化成果的服务利用，要按照国家古籍保护中心制订的基本要求，一般为公益性免费向社会开放，提供读者检索、阅览、研究、利用。从事研究工作的读者在获得授权许可、签注保证书的前提下，可以下载影像数据。未经收藏馆授权，不得进行商业开发、出版、销售和数字发布。商业开发、出版、销售和数字发布，应与收藏单位另行签署协议。

（三）中华古籍数字资源库建设第一阶段任务

我国现存古籍数量庞大。"中华古籍数字资源库"第一阶段拟先从《国家珍贵古籍名录》入手，逐步实现我国所有古籍品种和版本的数字化。《国家珍贵古籍名录》是文化部组织评审、国务院公布的国家珍贵古籍目录，从《古籍定级标准》中规定的一、二级古籍中遴选产生。2007年至今，已评选出四批共11380部珍贵古籍，其中国务院已公布三批9859部，第四批上报国务院1521部待批准，其数量规模几乎是《中华再造善本》及续编1367种的10倍，是我国最珍贵的典籍文化遗产。对《国家珍贵古籍名录》中的珍贵古籍进行数字化，能更加全面地反映古籍的真实面貌，有助于学界对珍贵古籍的研究利用，是造福全民的大工程。国家古籍保护中心将协同各省级古籍保护中心，组织全国古籍收藏单位共同合作，将已入选《国家珍贵古籍名录》的古籍进行数字化。

1. 摸清现状，拟定目录

《国家珍贵古籍名录》入选古籍通常存在一种书入选若干相同版本的情况，进行数字化应精选最优版本。入选古籍的类别多种多样，包含甲骨、简帛、敦煌遗书、佛经、碑帖、汉文古籍和少数民族文字古籍，以及少量外文古籍。其中有些已经进行了数字化，有些暂时不宜实施数字化，需要区分轻重缓急，分批开展。因此，首先要调研现已完成的珍贵古籍数字化情况，组织专家拟定古籍数字化的阶段性目录。

2. 数字化制作

按照选定的古籍数字化目录，依据数字化相关标准，由古籍收藏单位进行数字化制作，包括拍照扫描前的整理、拍照扫描及标引工作等等。制作完成后由国家古籍保护中心组织验收，验收合格后上网发布。如某单位不具备数字化制作条件，可委托其上级主管单位代为制作和数据处理。省级古籍保护中心应充分发挥协调、管理作用，组织本省开展此项工作。

各位同仁，古籍数字化是古籍保存、整理和利用的必然趋势，也是数字图书馆建设的重要组成部分，目标是通过统筹规划，共同建设，促使所有古籍数字化成果在最大范围提供服务利用，真正实现古籍资源的共建共享。让我们大家携手合作，共同努力，早日实现这一宏伟蓝图。

第九节　中外图书馆数字资源建设比较研究

一、各国图书馆数字资源建设经费来源

数字资源建设的投入是相当大的，从已实施的几个项目的投入可略见一斑。美国数字图书馆启动计划第一阶段国家投入了2440万美元，第二阶段投入了近5 000万美元；美国国会图书馆的"美国记忆"项目总投资6 000万美元。

英国电子图书馆（eLib）计划。该项目共分为三个阶段，该项目总投资达 1 亿英镑，其中启动经费 1 500 万英镑，2 400 万英镑用于数据服务，网络设施建设费用超过 5 000 万英镑。

法国政府在数字资源建设斥巨资，直到 2001 年已投入 8 100 万法郎。

德国（GLOBAL INFO）项目启动资金 1.2 亿德国马克。

俄罗斯数字资源建设经费主要来源于俄联邦科学部和其他参加单位的集中资金，加上补充吸纳资金，年预算约在每年 2 亿卢布之内。

日本政府拨款 4 亿美元建设关西图书馆。

就世界各国图书馆数字资源建设经费来源中，政府投入是数字资源建设经费的主要来源，依次是：基金资助和私人企业、公司和个人的赞助。

二、世界各国数字资源项目实施及组织管理

美国数字图书馆建设的管理机构主要是国家科学基金会（NSF），技术实施主要由国家研究创新公司（CNIR）进行协调。

英国电子图书馆（eLib）计划 1993 年由英国高等教育基金会所属的联合信息系统委员会（JISC）提出并组织实施。

法国 JOUVE 由法国文化与交流部负责统一规划、组织 JOUVE 项目，由国家计算机科学与控制研究所（INRIA）主要负责技术方面的基础研究与应用开发，由法国国家图书馆主持。

德国 GLOBAL INFO 规划由德国教育与科研部（BMBF）及德国基础科学研究基金会（DFG）组织，由国家信息中心负责技术管理。

俄罗斯数字资源建设的主管部门有：俄联邦科学部（协调者）、文化部、教育部、俄罗斯科学院、俄罗斯档案馆、俄联邦国家通讯委员会、国家出版委员会、俄专利局与俄罗斯基础研究基金会。

日本的数字图书馆项目分别由文部省、经济产业省（原通产省）、邮政省和国会图书馆四大机构主持。

中国数字图书馆工程 1998 年 7 月，由国家图书馆正式申请立项。

三、各国数字资源类型及数字资源内容建设

数字资源的内容与其服务宗旨和用户需求密切相关。数字资源主要有：电子图书、电子期刊、数据库；联机检索书目：电子词典、百科全书、指南、手册、文摘索引以及其他各种电子参考工具等。其中世界各国图书馆数字资源建设的内容有共同之处：特色馆藏型模式：将自己图书馆的珍藏（包括善本、古籍和珍藏）或特种馆藏（包括图片、声音、音乐、影视等各种载体）的资料进行数字化，提供网上共享。例如，美国国会图书馆的"美

国的记忆"、日本国会图书馆"日本年历"、俄罗斯国家图书馆的"俄罗斯记忆"、英国利兹图书馆的"图片档案"、澳大利亚国家馆"图片澳大利亚"等展示本国历史和文化的主题资源库。多媒体资源主要有：静态图像（照片、图像）；动态图像（电影、录像）、录音资料及动画。一些国家图书馆、博物馆和档案馆已在致力收藏国家的录像资料，如电视台和广播台的录像、录音资料等。澳大利亚音像数字图书馆收录了纪录片、电影、电视新闻时事、音乐、口述历史、演说等音像资料。演说和音乐内容成为数字化的一个热点。学术性讲座、其他相关的教学资料也是各高等学校数字资源建设的一个热点和亮点。

四、世界各国数字资源建设选题与资源建设规模比较研究

世界各国数字资源建设项目有着共同的切入点，资源建设集中展示本国的历史和文化，将珍贵典藏数字化，对近代不存在版权的文献数字化。其主要有如下特点：从各国数字资源建设选题来看，从图书馆拥有知识产权的馆藏特色历史文献着手进行数字化建设。美国：图书馆关注地方性馆藏历史文献资料；学校图书馆注重创建虚拟图书馆，注意力集中在和其他大型图书馆的网络资源进行链接；其他类型的图书馆则创建各种数字化藏书系统以满足特定群体的特殊需求。在中国这种趋势更加明显：图书馆注重馆藏特色数字资源建设、高校图书馆注重重点学科数据库、博硕论文数据库、教学参考书数据库建设。从各国在建数字资源规模上看，各国建数字资源数量和规模特别引人关注：多数国家图书馆拥有上百个数字资源库和上万条记录。对比之下，我国图书馆数字资源建设数量较少、规模不大、能够称得上数字资源群的数字资源更是屈指可数。根据中国互联网中心《2005 年度中国互联网络信息资源数量调查报告》公布的数据：2005 年底，全国在线数据库数量29.54 万个，其中，教育科研网站和其他公益性网站在线数据库4.049 万个，然而记录数在 1 000 条以上的数据库占全部数据库的29.8%（调查报告没有单列图书馆数据库数量，因此，将教育科研网站和其他公益性网站一并计算）。尽管中国互联网中心年度统计报告统计的数据库数量和规模不能全部反映图书馆数字资源建设的情况，但是可以看到，我国数字资源建设的数量和规模与世界先进国家相比，差距较大。

五、从世界各国图书馆数字资源建设历程看我国数字资源建设

（一）从组织管理运行模式看

综观世界各国图书馆数字资源建设的历程，数字资源建设的思路各不相同，但共性特点十分鲜明：

1. 政府重视、项目推进、阶段性实施

政府支持的力度是通过项目的经费投入、项目管理来实现的。从某种意义上来说，政府的扶持、经费的投入，决定了项目的进度、数字资源建设的广度、深度、决定数字资源建设的规模，决定了建成后数字资源的公益性，开放性服务的社会属性，是互联网上进行

本国历史、文化传统教育的重要数字资源。在资金投入上，美国以投标方式给予项目经费支持，并控制其研究方向。其次，数字资源建设是一个跨行业、跨地区、跨部门的合作。根据世界各国的经验，数字化工程需要政府出面统一规划、组织和协调。第三，数字资源建设，一旦成为国家、地区、行业的计划项目，项目的实施力度、组织管理机构、数字化内容的选题、标准与规范、时间与进度等都十分明确。各参加馆对本馆职责十分清楚，项目统一技术平台、执行标准，能够集中展示各馆的馆藏资源特色、技术优势。从完成的情况来看，项目实施的效果比较好。

2. 合作共建共享，实现跨行业、跨地域、跨国家数字资源共建

近几年，国内国际有影响、有市场的数字资源，无一不是合作共建共享的成果。且不说在中国具有深远意义和广泛用户的全国文化信息资源共享工程拥有丰富的数字资源和遍布全国的读者，只要看看 OCLC 遍布世界各地的用户和读者，就知道数字资源合作共建共享拥有多么强大的生命力和广泛的社会基础。通常来说，就某一个主题进行数字资源建设，是一个短平快的项目，比较容易见成效。一个数字资源建设项目，要成为在互联网上有影响、有相当数量稳定的读者群、有学术价值的共享项目，它必然是广泛合作的产物。如："美国的记忆""国际敦煌项目"（由英国图书馆、中国国家图书馆合作）。在数字资源建设上，世界各国在数量、质量、规模上、存储容量上，远远领先于我国。在我国，至今还没有出现完整反映中国历史、文化的海量数字资源群。

3. 注重协作，共谋发展

综观外国数字资源建设项目，无一不是研究者、开发商、出版商、用户积极参与，如：美国的 IBM 公司、日本的富士通、日立、NEC 公司的参与，社会技术力量的参与，与图书馆丰富的馆藏特色资源相结合，取得了双方共赢的社会效果，对推动本国数字资源建设起了不可忽视的作用。数十年数字资源建设的历程表明：只有国家间、行业间、地区间的图书馆共建共享，才是实现数字资源建设数量和质量飞跃的捷径。

（二）从数字资源建设项目选题看

正如前文所分析的，世界各国数字资源建设项目有着共同的切入点，即集中展示本国的历史和文化、珍贵典藏的数字化、对近代不存在版权的文献数字化。通常是从图书馆拥有知识产权的馆藏特色历史文献着手进行数字化建设。各种类型的图书馆又因其主要职能不同而关注不同的领域。

1. 历史文献保护、数字资源建设与服务并举

在数字资源建设过程中，由于历史文献的版权归属明确，出于对历史文献资源的保存考虑，作为各馆数字化首选不容置疑。同时，它的最终目标也较为明确：为教育、知识扩充和进一步研究提供更多、更易使用的资源。

2. 有几种思路值得注意

①数字化是为了保护历史文献；②数字资源不仅仅是原件的替代品，通过图书馆专家的智慧，通过现代技术辅佐，能实现信息的增值服务。③数字化加数字资源整合，可以实现专题、系列服务，让互联网用户共享；④对其他馆已有同类文献数字化资源的，注意避免重复建设。

（三）启迪、借鉴与思考

综合各国图书馆数字资源建设组织管理模式、数字资源建设项目选题、数字资源建设的类型多方面的比较分析，世界各国数字资源建设的进程给我们许多思考、启迪和借鉴。在图书馆数字资源建设过程中，我们面临许多机会、多种选择和多重挑战，笔者认为重要的一点是：数字资源建设是一个跨地区、跨行业、多个图书馆、多机构合作构建的网络资源体系和服务体系。

1. 政府扶持与资助

政府资助是两方面的：一是政策的扶持、项目的确认、项目管理；二是资金的资助；二者是互相关联的。资金的资助是通过项目的管理来实现的。正如法国图书馆馆长让·纳内在 2006 年 10 月 31 日晚在北京大学的讲座中所说："图书数字化是一个非常重大的文化事业，它不能靠一个私有企业（指 google 公司）去承担。文化事业必须是一个国家的事业、民族的事业，政府必须干预。这个干预并不是监控，首先是从资金上保证。"此外，从各国数字资源建设项目总投入来看，仅仅靠图书馆个体机构的资金投入，无论是数字资源建设的规模、建设的周期都难以满足人们日益增长的文化需求，难以适应全社会政治、经济、文化发展的需求。

图书馆开放性、公益性的社会属性，决定了它在进行数字资源建设时与各种商业性的数字资源提供商有着不同的目的和重点。其数字资源建设与商业化数字资源建设相比较，虽然二者所采用的技术手段以及对资源的组织、揭示可能相似，但图书馆的数字资源建设，以满足社会公众日益增长的文化需求、文化消费，市民公平获取文化资源信息的权利为目的，而商业化的数字资源建设以市场为导向，以盈利为目的。不同的目的和出发点，将导致不同的结果。图书馆作为传播本国主流文化，传承人类的历史文明的主体，开展数字资源建设这一前无古人的工作，没有政府的支持、政策的导向、经费的支持，是不可能做好的。

2. 数字化内容的选题原则

①本着"从过去到未来"的原则，在选题上尽可能做到"人无我有，人有我全，人有我优"。按照：已老化文献、急需保存的优先，历史遗产、文化优先的步骤进行文献资源的数字化。②不可忽视的网络中文信息资源。结合数字资源建设，中国国家图书馆正在与北京大学合作进行网络资源采集的研究与实验，2005 年已经采集政府网站 2 万个，大到国家级，小到乡镇级网站。同时还采集了中文 PDF 报纸 105 种，专题资源库 7 个。网络上的中文信息具有传播快、受众面广、信息更频率高、信息生命周期短的特点，及时采集、

组织、整合为我所用，也是一种数字资源建设的策略。③在数字资源的组织上，尽可能整合、利用成熟的数字资源，组织不同的专题、系列资源库，充分揭示、指导读者使用。根据国际通行的数字化标准制作数字资源。④建立广泛的合作关系，与数字资源内容制作商、知名搜索引擎等建立良好的互惠互利的战略伙伴，实现国际共建共享。⑤进行读者调查，根据读者群的需求进行数字化资源选题。

3. 加强合作，共建共享

数字资源建设是跨部门、跨学科、跨地区的并以尖端的信息技术为基础的系统工程，需要全国的相关研究机构、教育机构、网络运营公司、技术界、数字资源内容制作商、图书馆、博物馆、档案馆、出版商的通力合作和沟通，统一规划、组织和协调，共谋发展。

图书馆公益性、开放性的社会属性，决定了其数字资源建设的目的是为了提升社会公共文化服务的水平和能力，传承本国历史文化，而计算机技术、网络技术的发展，开拓了图书馆服务的时空范畴和服务的深度和广度。我们坚信：通过中国图书馆界的共同努力，通过若干年的数字资源建设的积累，在互联网上必将出现内容更加丰富、题材更加广泛的中文文献资源群，实现任何人，在任何时间和任何地点，都可以通过任何与互联网连通的设备，享受数字图书馆的信息与知识服务。

第三章　数字图书馆信息资源的建设与处理

第一节　数字化信息资源的来源

　　数字化信息资源是数字图书馆履行社会职能的主要物质基础，它对数字图书馆的重要性相当于图书对于传统图书馆的重要性，如果没有一个持续不断的数字化信息来源和一个完善的信息资源组织策略，对构建数字图书馆的信息大厦来说是极为不利的。

　　数字化信息资源是转化成数字格式的信息，其来源渠道、组织与实现方法均有别于传统图书馆信息资源，即数字图书馆应对来源各异的资源进行有机集成。从总体上讲，数字图书馆信息资源来源于三个方面：馆藏资源数字化、网络资源下载和电子资源库采购。馆藏资源数字化是指首先通过键盘输入、扫描等手段将原有的馆藏资源数字化，并经过加工后形成的资源，它可以按一定的组织形式存储，在硬件条件的配合下，联入互联网中，提供给远程用户检索、查询和利用；网络资源下载则指通过互联网获取的、能满足人们信息需求的有效信息，主要取材于互联网；电子资源库采购指通过购买等手段将现成的商业数据库纳入图书馆自身馆藏之中，是一种快速有效地扩充图书馆馆藏的重要手段。这三种资源也有交叉，如网上的电子期刊、电子图书可以说是网络信息资源，但是它们又是实物信息资源数字化后得到的，因此又可以说是馆藏数字化信息资源。电子资源库的资源来自对纸本资源的数字化，只不过集中成一个资源库成了产品。下面将分别对不同的数字化信息资源的来源进行阐述：

一、馆藏资源数字化

（一）键盘输入

　　利用计算机键盘输入数据是一种较为原始的手段，这种方式形成的文件空间小，然而效率低、错误率高、成本也高。现在这种方法只局限于小范围的输入工作。

（二）扫描

　　扫描是数字图书馆建设的最主要手段，在馆藏数字化方面起到了不可低估的作用。扫描识别录入技术是一种根据光电转换、模式识别和人工智能原理，将印刷或手写的文字或符号通过高速扫描设备录入并转换成可供计算机读取的内码，进而达到自动录入资源的目的。

1. 扫描设备

扫描仪起步于 20 世纪 70 年代中期，最初的扫描仪仅能捕捉黑白二值化图像，体积相当大，扫描速度也很慢，且无法输入彩色图像。到 20 世纪 80 年代中期，诞生了世界上第一台彩色扫描仪。现在，扫描技术已有了迅猛的发展，目前最常用的扫描设备是平板式扫描仪。各种扫描仪具有自动辨别像素的灰暗程度（灰度）和颜色的功能，使计算机能输出与原件一样的图像。

扫描仪已广泛运用于图像处理、文字识别、图形识别，是文字、数据录入和信息识别领域不可缺少的社备。

2. 扫描资料的选择

图书馆需要对拟扫描的资料进行选择，选择时需要考虑：

（1）公众网络检索需要。

（2）高成本与有限资金之间的矛盾。数字化所有馆藏文献需要大量的资金投入，且数字化后的文献还需要成本的投入，如质量控制、元数据生产、制作索引等。

（3）保存的困难。由于计算机软硬件在不断变化，促使数字文献的长期保存和迁移较困难。

（4）知识产权问题。必须在文献数字化之前解决其知识产权问题。

（5）社会的考虑。某些文化的或过于敏感的资料不宜放在网上。

（6）文档规范化。文献数字化中三分之二的成本用于元数据的创建和质量控制的工作，因此，不符合文档建设规范的文献，在加工之前不宜数字化。

（7）图书馆信誉。图书馆务必要检查数字化资源的准确性和信息的权威性，可以从撰写人的权威性、背景等方面严格地剔除不够准确的信息。

为了确保拟扫描资料的质量，建议图书馆在数字化资源制作前成立一个资料筛选工作组，资源的选择可采取三个步骤：

（1）资料范围的界定。组织资源收集人、研究者（资料筛选人员）对收录资源的学科、地域、时间、语种、类型等进行界定，以确定需要数字化的文献范围。

（2）根据上述标准在界定的文献范围中筛选出符合要求者。

（3）根据文献的价值、使用程度和数字化的风险程度对文献的优先程度排序，以决定文献数字化的先后次序。

3. 自动识别（Optional Character Recognition，简称 OCR）

扫描之后的计算机自动识别技术是整个数字图书馆建设中至关重要的技术之一，自动识别技术的先进与否决定了数字图书馆信息资源建设的速度与质量。

文字的计算机自动识别技术是数字化领域的一项非常重大的革命，它是利用计算机软件把扫描的文献转换成字符文本的技术。它的工作原理是通过扫描仪（或数码相机）等光学输入设备获取纸张上的文字图片信息，运用各种模式识别算法分析文字形态特征，判断出文字的标准编码，并按通用格式存储为计算机的文本文件。因此，OCR实际上是让计算机认字，实现文字自动输入。正是由于它录入速度快、准确性高（识别率可达98.5%以上），操作简便，能大幅度提升工作效率，适应信息时代快节奏的要求，因而具有广泛的发展前景。

（三）全息加工技术

全息加工技术是指在纸介质信息数字化时，将扫描识别的文字信息和人工标注的版式信息（如字体、字号）相结合，连同图像和其他版面信息用页面描述语言生成版面文件，版面文件还包括用户自定义汉字，再将导航、自动导读等增值信息与之结合起来，构成可供数字阅读的原版信息。简而言之，将纸质文本低成本、高效率地转换成保留全部信息的数字化文档。书生之家数字图书馆就是使用这种全息数字化技术来加工原始资源，解决了图书信息完整性、导航信息、海量存储、图书浏览、防下载盗版、防止信息拷贝盗版等问题，其做法有一定的借鉴价值。

二、网络电子资源下载

网络电子资源下载是数字图书馆迅速扩大其馆藏的一条非常经济的途径。

（一）电子资源收集策略

图书馆工作人员可从各种途径收集和下载对图书馆有重要作用的电子图书、电子期刊和各类特色网站等电子资源。

网上各类电子资源内容丰富，格式多样，而且大多可免费下载。但它们分布零散，不能系统地供读者使用，这就需要数字图书馆工作人员利用各种途径找到这些杂乱无章的电子资源，并将其下载到数字图书馆本地存储媒介上，然后按照图书馆的分类体系将各种电子资源归入不同类别，以方便读者取用。

在电子资源收集过程中，不妨动员读者推荐或提供电子资源。这正是数字图书馆比传统图书馆有所突破的地方：传统图书馆无法集中读者的力量为馆藏建设添砖加瓦，而数字图书馆就可以充分利用电子信息资源无限复制、无限传播的特点，将一位读者手中的书变成大家手中人手一本的书，从而以极大的速度扩大馆藏。对于提供电子资源的读者，要给予适当的鼓励，譬如一些物质奖励，如赠送读书卡等，使读者切身体验到奉献一本书，就得万本书的好处，充分调动起读者的积极性和主动性，从而使得可供下载的电子资源越来越多，也可为图书馆节省大量的成本。必须强调的是，一切提供下载的文件不可用于商业目的，而且要在版权允许的范围内。若原文有版权，应照原文格式提供下载，不能人为去掉版权信息。

（二）网络电子资源的整理

由于技术上的原因，下载后得到的资料格式不统一，要对这些不同格式的内容进行组织涉及多方面的技术，如脉冲信号、数据宽度、像素、颜色、对比度、压缩编码算法等。不同的文件格式需要用不同的软件来显示，这给人们的查找带来了一定的难度。不同的文件格式并非都可以相互兼容，有的格式之间转换后会发生变化。例如，当纯文本文件被调到 Word 中时，Word 不能对其进行自动排版，无论纯文本文件原来的格式多么整齐，调入 Word 后，文本的左右两边不能同时对齐，如果原文本每行的字数较多，调入 Word 后，可能会被拦腰截断。再如，将 HTML 格式文件转换成 Word 后，有时还会损失一些图像信息。

因此，务必利用图书情报学关于信息组织的方法与技术对网络电子资源按类归并、统一格式、添加检索功能，才能更好地提供给读者使用。

三、电子资源库的采购

电子资源库的采购主要指购买各种商业数据库（包括综合性数据库与专业性数据库），这是数字图书馆信息资源建设中很快捷的途径。面对如此众多的数据库，数字图书馆工作人员只有多方了解、认真选择，才能充分利用有限的资金购买到能够最大程度满足读者需要的资源库。

数据库购买时要注意以下几个方面的问题：

（一）深入了解各种类型的数据库

对电子资源库市场，图书馆采购员必须有一个既宏观，又微观的认识。宏观上，要了解资源库的类型、不同资源库之间的关系以及资源库是否适合图书馆自身的长期发展走向；微观上，要具体了解某一类型的某一种资源库的历史发展情况、技术支持公司状况、资源库的服务对象、未来发展方向以及服务费用等。要比较不同资源库的发展优势并做好详细备案，要调查各资源库用户的使用情况、了解各资源库制作公司的信誉及售后服务的真实状况等。通过这一系列方式，才能对资源库有整体而详尽的了解，进而准确进行资源库的采购。

（二）正确认识数字图书馆自身的情况

建立在了解数字图书馆资源定位上的资源库选购才可能是成功的，定位主要应考虑以下因素：

1. 数字图书馆自身的性质和发展趋势的定位

资源库的采购要结合图书馆的馆情，明确自己的性质和发展导向，即自身的定位是综合性图书馆，还是专业性图书馆，是面向大众、学术社区，还是面向政府。例如，高校图书馆与图书馆选择信息资源库的导向就不同：前者主要以学术数据库、专题资料库、研究资源库为主，以面向大众的电子书库如书生之家等为辅；后者则主要以地方文献数据库、特色数据库、财经及科普方面的数据库为主。

2. 读者群的定位

读者的评价是一个数字图书馆是否成功的重要指标。数字图书馆要满足读者的需求，就必须订购符合本馆读者群文化层次、兴趣爱好的资源库，还必须从历史角度来研究读者群的变化情况，这样才能真正订购到合适的资源库。如图书馆的读者对象往往定位为本地区的社会公众，因此科普性的资源库要多些，而且一般以制作地方特色数据库为主。

（三）合理利用资金

资金问题是决定能否购买、购买多少以及购买什么档次的资源库的重要因素，合理利用所提供的资金，为读者提供力所能及的服务是我们的宗旨。

（四）数据库服务商的选择

电子资源库服务商的质量不一，好的服务商将着眼点放在如何满足图书馆的需求上，而有些服务商只是简单地汇集来自不同数据库生产商的产品，没有做更进一步的精加工，也没有开发将这些数据库进行集成的技术，另外，一些服务商的主要目的是销售其软件系统，不太重视资源库本身的质量。因此，服务商的选择对于电子资源库建设的质量非常重要。

选择服务商并不容易，尤其是当面对一个大而复杂的项目时，建议的选择步骤为：确定项目的目标和内容；初步确定潜在的多个服务商；公布项目的目标，寻找对项目感兴趣且基本符合项目要求的服务商；制定一套项目操作方法和质量控制手段；列出一系列的服务商名单；撰写一份 RFP（建议需求书或招标书），并将之发送给选好的服务商；当服务商准备他们的方案时，和服务商多交流，包括访问他们的网站和面对面交流；评价不同服务商的方案并选出最佳方案；签订协议；与服务商协同工作。

当然，在实际操作中，要综合考虑上述各个实际因素，动员馆员、专家以及读者对资源库的购买提出自己的意见，集思广益。即使已购买了数据库，也要不断听取读者的反馈意见并加以修正，在图书馆与读者之间形成良性互动的机制，这才是数字图书馆健康发展的真正源泉与动力所在。

第二节　数字信息资源的描述和处理

一、数字信息资源描述和处理语言

数字信息资源的描述和处理是数字图书馆的一项核心内容。为此，许多专家和学者在网络信息资源的描述与组织方面做出了很大努力，搜索引擎和主题指南的出现、多种元数据格式、标记语言框架的提出都是这种付出和努力的具体体现。

随着对这些标记语言研究与应用的发展，与它们相关的标准也取得了重大进展，与SGML（标准通用标记语言）相关的最典型的是HyTime（超媒体文档结构语言）和DSSSL（文献样式语义和规格说明语言）。

（一）超媒体文档结构语言（Hy Time）

HyTime（Hypermedia/Time-based Document Structuring Language）标准是关于超媒体文献标记方面的超媒体语言，它定义了超媒体和多媒体系统，特别是超链接（Hyperlinks）、对象的定位（Locations of Objects）和文摘表示空间（Abstract Presentation Space）等方面编码的体系结构，并提供了在SGML文献中表示链接的标准方法，而最有用的概念之一就是体系结构格式的标准化。HyTime系统使用SGML作为它们管理数据的基本编码语法，但又不局限于SGML编码数据的管理。它是SGML的应用和扩展，在超媒体文献的数据资源管理方面必将有广阔的应用前景。

（二）文献式样语义和规格说明语言（DSSSL）

DSSSL（Document Style Semantic and Specification Language）的基本目标是为处理与SGML文献标记相关联的信息提供一种标准化的框架和方法，其主要用途是实现SGML文献向其他格式文献（包括SGML文献等）的转换，进而促进文献信息资源的交流与共享，这将极大地拓宽和加速SGML的应用。

二、数字信息资源描述和处理的标准与规范

标准与规范是数字图书馆建设与服务优化的技术保障与管理基础，技术标准着重从技术方面规定与规范数字图书馆实现的技术机制与功能指标要求，管理规范则从改革、组织、人力与资源方面对数字图书馆的实施进行规划。在数字资源建设的早期，图书馆面临的问题是如何把传统载体形式的各种信息资源逐步数字化，为这些资源建立稳定可靠的计算机运作平台，实现方便准确的信息检索。在数字化资源极大丰富、计算机信息技术日益成熟的今天，人们又面临着另外一个重要问题，即如何把由不同人员、在不同时间、用不同技术开发的不同内容和不同形式的数字信息资源整合起来，向读者提供最大便利。

这个问题在我们使用数字资源的各个层面都会遇到，纵观现在开发出来的数字资源，它们中的大部分在独立使用时效果很好，然而在整合使用时却不太理想，读者往往要经过许多步骤，才能找到自己所需资料。解决这一问题的主要途径是建立集成化检索系统。而如果数字信息资源在描述与处理中能够遵守一定的标准与协议，将会大大方便集成化信息检索与服务系统的建立。由此可见，为了实现信息资源一体化，我们必须制定与遵守相关的标准和协议，用统一的标准方法屏蔽不同文件系统的不同文件命名原则等。国家科学数字图书馆项目管理中心于2002年4月提出了非常详细的"数字图书馆建设的标准规范体系"。从总体上看，数字信息资源建设涉及的标准规范范围广泛，可分为内容创建、描述、组织、管理、服务、长期保存和项目建设等。

（一）数字内容创建的标准规范

数字内容的创建规范主要包括内容编码、数据格式与内容标识。

1. 内容编码

内容编码是数据内容的计算机编码形式和标记形式，是限制数字信息可使用性和可持续性的最基本条件。数字图书馆通常要求数字资源在编码层次上应遵循基本的编码标准，从而为符合标准的数字资源进行数据交换提供良好的基础。

（1）基本编码标准。全球网络一体化趋势使图书馆必然要求拥有一个各馆能共同识别与处理的文字符号系统，该系统应能进行多文种的统一处理和多文种字符的混合交互使用，且编码应统一，以确保图书馆的文献信息与其他领域信息顺利接轨。这个能共同识别与处理的文字符号系统就是 ISO/IECI0464《信息技术——通用多八位编码字符集（UCS）》。这一国际标准是在国际化标准组织（ISO）引导下，由国际计算机界、语言文字界的专家经过十年共同攻关的成果，它充分反映出图书馆界在进行信息处理过程中对文字符号的复杂需求。ISO/IEC10646 的适用范围是：用于世界上各种语言的书面形式以及附加符号的表示、传输、交换、处理、存储、输入及呈现（presentation）。CJK 表意文字统一编码区由我国参与完成。我国于 1995 年 11 月制定了一个字符集：汉字扩展内码规范（GBK），该规范将 ISO/IEC10646 的 20902 个 CJK 汉字全部收入。ISO/IEC10646 的商品化以及自身的进一步完善发展促进了基本编码标准的推广。

（2）特殊信息编码。特殊信息编码是涉及数学符号和公式、化学符号、矢量信息、地理坐标等的编码，例如，化学标记语言（Chemical Markup Language，简称 CML）和适用于化学文献的置标语言标准；地理标识语言（Geography Markup Language，简称 GML）能够表示地理空间对象的空间数据和非空间属性数据，是 XML 在地理空间信息领域的应用。利用 GML 可以存储和发布各种特征的地理信息，并控制地理信息在浏览器中的显示。类似的还有数学置标语言（MML）、可扩展矢量图形文件格式（SVG）等。

2. 数据格式

在创建数据时，要为数据选择一个合理的数据格式，不同的描述对象要求有不同的数据格式描述标准。

（1）文本格式。文本数据的保存格式一般采用两种：文本文件或图像文件。文本文件的描述体系最好是采用 HTML、XML、TXT 等易于移植、易于传递的开放式描述格式，其中 XML 格式的定义必须是经过验证的 XML DTD 或 XML Schema。当然也有大量专门格式存在，如 DOC、RTF 等 Word 格式。此外，某些特殊领域有着自己的描述格式，如数学和工程计算领域的 TEX/LATEX 格式。不过现在各数字图书馆往往采用自己定义的数据格式，如中国期刊网数据库使用的是独有的 CAJ 文件格式，它务必用专用的 CAJ 浏览器进行浏览。而超星数字图书馆采用了 PDG 格式，这也是一种类似图像格式的特殊格式，真实再现性强，但是不可以截取文本，且要用超星浏览器才能打开。纵观其他数字图书馆，几乎都存在这种情况。其根本原因在于各类电子资源开发商都有各自的版权，为了收回制作单位的开发成本及保护版权而不得不采取这样的措施。在 HTML 作为基本网络语言流行于网络时，资源制作单位无法加入版权信息及控制资源盗用，因此只能采取本地化手段，由此致使浏览器种类不断增加，不方便用户使用。但当 XML 出现后，这种现状在很大程度上得到改善。如前所述，数字资源是用元数据加以描述的，用 HTML 只能显示固定资料，而 XML 则能利用不同 Tag 做不同处理，进而充分发挥元数据的优势。例如，都柏林核心元数据（DC）的 15 个元素分别从资源内容、知识产权、外部属性三个方面对信息资源进行了描述，同时以 XML 作为描述语法，为知识产权问题的解决做出了重大贡献。但是在目前，重复制作情况较严重，同一个电子资源可能存在多种数字版本，其内容一致，而形式不同，导致人力、物力资源的很大浪费。因此，未来的发展趋势是资源制作部门在解决版权问题的前提下，应将重点转移到资源内容制作水平和质量的提高上来。

（2）图像格式。图像数据可以采用 JPEG、TIFF、GIF 或 PDF 格式保存。多数描述体系都要求用 TIFF 格式，它是一种非失真的压缩格式（最高压缩比为 2~3），能保持原有图像的颜色及层次，但占用空间很大。而用于网上浏览的图像数据则可采用 JPEG 格式，这是一种失真式的图像压缩格式，将图像压缩在很小的存储空间中，压缩比率通常在 10 : 1~40 : 1 之间。在图像压缩的过程中，重复数据或不重要的资料会丢失，因此，可能导致失真情况的出现。但因为占用空间小，故很适合互联网，以减少图像的传输时间。对于预览的图像数据而言，可采用 GIF 格式。该格式在压缩过程中，像素资料不会丢失，丢失的是图像色彩，因而它被普遍用来显示简单图形及字体，且正好符合了预览格式的要求。线图图像（Line Drawings）则可采用 PCX 格式，此文件格式比较简单，因此特别适合索引和线图图像。

（3）视频格式。视频分为视频和视频流（即流媒体），也就是网上下载后观看和在线观看。这些格式有：AVI、MPEG-1、MPEG-2、MPEG-4、DIVX、MOV、Real Video 和 ASF 格式。AVI 是 Audio Video Interleave 的缩写，其兼容性好，调用方便，图像质量高，但容量较大。MPEG 是运动图像专家组（Moving Picture Experts Group），现在这个家族已经有了许多成员，如 MPEG-1、MPEG-2、MPEG-4、MPEG-7 和 MPEG-21 等。MPEG-1 早已被用于 VCD 资源的制作，MPEG-2 则应用在 DVD 的制作（压缩）和 HDTV（高清晰电视广播）方面，MPEG-4 则属于流媒体格式，可供网上观看。DIVX 视频编码技术则具有同 DVD 差不多的视频质量，适于保存。MOV 是 Apple（苹果）公司创立的一种视频格式，它无论是在本地播放，还是作为视频流格式在网上传播，都不失为一种优良的视频编码格式。Real Video（RA、RAM、RM）格式是视频流技术的始创者，它的特点是能够在同样的播放比特率下提供更小的文件，因此适合在窄带上传输。微软将高级流媒体（Advanced Stream Format，简称 ASF）定义为同步媒体的统一容器文件格式，其最大优点就是体积小，因此适合网络传输。

（4）音频格式。音频格式比较复杂，有十多种，适合数字图书馆使用的有：WMA，提高了高压缩率，可以流畅地在仅仅 20KBitrate 的流量下提供可听的音质，利于在线收听；MP3（MPEG layer），它是流行最广的音频格式，所有的播放器均支持，加上 Lame，配合 VBR（动态比特率）和 ABR（平均比特率）编码出来的音乐音质、音色纯厚，空间宽广，低音清晰，细节表现良好，音质几乎可以与 CD 音频相媲美，且文件体积非常小；MP3PRO 是基于传统 MP3 编码技术的一种改良，MP3PRO 在较高比特率下（250kbps 左右）超过了 MP3，音质更优秀，适合保存高、真音质文件，而且体积不大，但其无法编码 48khz 采样率的乐曲，因此选用时务必慎重，而且此格式无法保存纯语音（因为纯语音往往仅有 16kbps）；WAV 则是未经压缩的格式，用于保存高音质文件最为理想。

（5）矢量图形格式。矢量图形文件是在计算机上借助数学方法生成、处理和显示的图形，是计算机图形存储的两种方式之一。它可反映物体的局部特性，是真实物体的模型化。现在一般使用可升级矢量图形（scalable vector graphics，简称 SVG），这是一种使用 XML 来描述二维图像的语言。它建立于纯文字格式的 XML 之上，直接继承了 XML 的特性，可简化异质系统间的信息交流，方便数据库的存取，而且还能直接利用浏览器已有的技术，如 CSS、DOM 等。更重要的是，它由 W3C 制定，具有标准上的权威性。矢量可标记语言（Vector Markup Language，简称 VML）则是一个基于 XML 交换、编辑和传送的格式，由 Microsoft 公司为矢量图形在网上的发展而推出。这两个格式具有各自的优势，SVG 是 W3C 制定的网络标准，不受单一的公司控制，具有稳定性、标准性，而 VML 则受益于 Microsoft 公司的大力推广，技术上有不少可取之处。

3. 内容标识

内容标识方面的标准与规范主要涉及数字对象唯一标识符，这些数字对象可能是单个文件，如数字图像（扫描或原生的），也可能是集合体的，如由多个文本、图像、音频、视频等数据对象组成的多媒体数据集合等。通常情况下，描述体系没有规定具体的标识符结构，只是对数字对象标识的原则予以规定。也就是说，数字对象命名所采用的命名体系规则应是公开和明确界定的，命名体系应遵从 IEFT/URL 体系，尽量采取标准或通用的标识符命名体系。作为数字资源集合，则需要考虑多个唯一标识符系统的互操作。

（二）关于数字对象描述（元数据）的标准规范

元数据作为描述数字对象的数据，是所有数字对象信息资源建设项目的重要基础和数字图书馆建设的关键，它决定了不同格式、不同性质的信息资源能否实现世界范围的共享。

由于数字图书馆中的资源类型多种多样，单一元数据标准不能满足描述各种数字资源的需要，进而出现适用于不同资源或适用于不同组织的元数据标准。最为典型的是美国，其各个领域都存在各自的元数据格式，例如 TEI、GILS、FGDC/CS-DGM、EAD、VRA、IEEELOM 等。在实际应用中，还需要除描述性元数据以外的元数据类型，它们是结构性元数据②和管理型元数据③。这样就需要规定描述数字对象的原则和基本方法，或者在具体范围内实际应用的元数据。

（三）数字资源组织描述的标准规范

前面主要讲的是单个数字对象的元数据描述。但数据对象可能根据一定的主题、资源类型、用户范围、生成过程、使用管理范围等因素被组织在一起，形成实际使用的资源集合，因而，对这些资源集合进行描述是很有必要的。

数字资源的组织描述有一定层次。

第一层可对资源集合本身进行描述，形成一个关于资源集合的元数据记录。

第二层对资源集合的组织机制进行描述，组织机制形式多样，或是简单的类别组合，或是复杂的知识组织系统，如分类法、主题词表、站点地图等，这个层次的描述也是元数据，有助于资源集合的检索和集成。

第三层可对资源集合的管理机制进行描述，例如，对资源选择标准、资源使用政策、知识产权管理政策、隐私保护政策、资源长期保存政策等及其实施机制的描述，这些描述对用户发现、选择和利用相应的资源集合是很有利的。

第四层可以对资源组织建设的过程、原则、方法及相应的标准规范进行描述，形成资源建设规范，指导资源建设。

目前规范化工作较为成熟的是资源集合本身的描述，建立规范的资源集合描述元数据是大型资源建设体系的一个基本要求。例如，美国国家科学数字图书馆（NSDL）规定，任何一个参加 NSDL 的资源项目应采用 DC 来描述自己的集合，并将该 DC 记录提交 NSDL 的元数据库供公共检索。关于资源集合的组织机制和管理机制的规范描述是一个新的领域，正在借鉴 W3C、电子商务和其他领域的经验，开始考虑和实验相应的标准。关于资源组织过程的指导性规范已经得到越来越多数字图书馆建设项目的重视，而且逐步扩大到资源建设的整个生命周期，包括资源选择、描述、组织、服务、知识产权保护、资源长期保护等技术、政策、流程和管理问题。

（四）数字资源系统服务的标准规范

任何数字资源的价值都体现为它对用户的服务。随着网络化的发展，信息服务已经不再局限本地服务，但它的技术因素和管理机制成为制约其实际开展和被有效利用的关键因素之一。人们开始利用标准规范来约束数字资源系统的服务机制，以保障系统服务在网络空间的可使用性和系统之间的互操作性。

数据信息系统服务的规范有很多，大致分为五个层次：

1. 接入条件规范

用户接入条件的规范属于计算机信息网络服务的范围，例如资源要求都应支持 HTTP 协议和 HTML 语言在通用浏览器存储等。

2. 数据传输条件规范

数据传输条件规范主要涉及所传输的数据内容是否能用标准语言和格式封装，封装后的数据文件是否通过标准网络协议传输，所传输的数据文件是否能被通用浏览器解读。文本数据内容一般采取 HTML、XHTML、XML 方式封装，对于其他的格式数据，可以采用 TIFF、JPEG、MPEG、WAV 等，封装后的文件采用 HTTP 或 FTP 等标准协议传递。实际上，图书馆界也在开发基于 XML 和 HTTP 协议的元数据交换机制，例如，美国国会图书馆的元数据编码和传输标准（Meta data Encoding & Transmission Standard，简称 METS）模型是对一个数字图书馆里的描述性、管理性和结构性元数据进行编码的标准，采用 XML 标准，并被包含在国会图书馆的网络发展和 MARC 标准中。

3. 数据检索条件规范

检索对于数字图书馆的服务效果至关重要，现在通常使用搜索引擎作为检索工具，也就是基于 HTTP/HTML 的检索机制，但是这种检索机制在支持异构系统的丰富检索功能和分布系统的集成检索方面受到较大制约，因此，分布式检索机制和异构系统检索机制是检索的主流。为了解决分布式检索的问题，图书馆大多采用了 Z39.50 标准，Z39.50 是关于信息检索的 ANSI/NISO 标准，是基于 ISO 的 OSI 参考模型的应用层协议。

4. 数据应用条件的标准规范

数据应用条件的标准规范解决的是用户检索结果的使用问题。标准数据格式在一定程度上可以解决这个问题，但许多数据内容（如 GIS 数据、计算数据、统计数据、虚拟现实数据等），由于其内在的结构问题，需要一定的软件支持，如一些浏览器插件等，即表现在用户打开检索结果时需要下载特定的插件，给使用带来了很大的不便。研究人员正在研究支持通用用户系统的通用浏览器，其原理包括建立共享插件登记系统和在元数据中描述所需系统软件及其链接信息，用户可以靠升级个人浏览器，按链接信息下载相关插件来支持不同数据内容的读取，但现在还没有一个成熟的解决方案。W3C 等机构正探索用 XML 开放标记语言来描述这些复杂的数据内容，例如，可扩展矢量图形文件格式（SVG）、同步多媒体集成语言（SMIL）、语音合成标记语言（SSML）和虚拟现实标记语言（VRML）等，通过这些技术，用户可以实现对复杂数据内容的处理，实现检索条件的多样化和检索结果的多层次性。

5. 分布式数字对象机制的标准规范

分布式管理意味着全球数字图书馆遵循统一的访问协议之后，数字图书馆可以实现"联邦检索"，全球数字图书馆将像现在连接各网站一样，把全球的数字化资源链接成为一个巨大的图书馆。分布式管理之所以是数字图书馆的基本要素，在于它强调标准协议的重要性，只有全球共同遵循 TCP/IP 协议，才有互联网的今天，数字图书馆技术还没有这样一个公认的标准协议，因此，技术标准的选择和参与制定对每一个数字图书馆先驱者来说都是至关重要的。标准规范的制定正走向网络服务方式，利用 XML 对数字信息系统进行规范描述，利用登记系统实现这些描述信息的公共登记和开放搜寻，通过开放协议支持基于规范描述的信息系统调用、配置和利用。正在建立的这方面的标准规范包括网络服务定义语言（WSDL），网络服务流语言（WSFL），统一描述、发现和集成协议（UDDI）等。

"开放数字图书馆"的概念已经深入人心，许多图书馆都可以通过网络服务机制屏蔽分布式图书馆之间的区别，方便地实现不同图书馆之间信息的互通，保障资源的共享。

（五）关于数字资源长期保护的标准规范

国际上已经有了一些成型的数字资源长期保存规范，例如，开放档案信息系统参考模型（OAIS），它是由美国国家宇航局（NASA）的空间数据系统咨询委员会（Consultative Committee for Space Data Systems，简称 CCSDS）推出的一个项目，OAIS 参考模型是致力于长期保护和维护数字信息可存取档案系统的一个基本概念框架，受到了对长期数字信息保护有兴趣的不同机构团体的欢迎。图书馆界许多项目，如 CEDARS、PANDORA 和 NEDLIB 项目，已经在数字保护方面采纳了 OAIS 模型。OAIS 参考模型目前是国际标准化组织（ISO）的一个标准草案，并期望在将来成为发展完善的标准。根据目前的发展趋势，OAIS 在迎接数字信息的保护挑战中扮演重要的角色是完全可能的。

综上所述，经过多方努力，国内外已经形成了许多关于数字图书馆建设与服务的标准与规范，但已出现的标准尚需完善，某些领域还急盼标准出台。

第三节　元数据与资源描述框架

一、元数据

（一）元数据的定义

元数据指英文的 Meta data，即 Data about data，迄今为止，元数据像图书馆其他元概念一样，没有一个权威的定义，在这里仅列举几种：

ISO15489 中对元数据的定义是：元数据是描述文件的背景、内容、结构及其整个管理过程的数据。

国际档案理事会《电子文件管理指南（1997）》中指出："元数据是关于文件的背景信息和结构的数据。"

澳大利亚《联邦机构电子文件管理元数据标准（1999）》对元数据的定义为："元数据是关于电子文件背景信息的著录信息。"

英国国家档案馆《电子文件管理指南（1999）》中所给出的定义："元数据是单份电子文件和文件组合的背景及其相互关系的结构化著录数据。"

从以上各种表述可以看出，各种定义对元数据的外延界定有宽有窄，人们通常认为，元数据是"关于数据的数据"或"关于数据的结构化数据"，即，元数据是描述数据的数据。目前，图书馆界主要从两个角度来定义元数据：一个角度是强调其结构化，即元数据是提供关于信息资源或数据的一种结构化数据，是对信息资源的结构化描述；另一个角度是突出其功能，即在于描述信息资源或数据本身的特征和属性，进而有利于数据之间的交流和共享。

元数据是一个三层结构体，它包括语义、句法和内容标准。语义定义了元素的含义，如果两个元数据集当中对应的两个元素含义相同，就可以形成映射，所以明确的语义定义是实现不同元数据互换的基础；句法是指句子的结构方式以及支配句子结构的规则，其实就是元数据的语法表示格式；内容标准包括数据元素的格式标准和值标准，就是元数据格式的标准化问题，如日期标准化、分类采取什么样的标准等问题。通过这三层结构的设计模式，确保了不同元数据格式之间的交流和理解，使得构建在此基础上的信息资源数据实现了资源的有效整合，进而才能实现资源的共享，有助于检索及提高信息检索的查准率和查全率。

（二）元数据的分类

1. 依功能分

（1）描述性元数据：用于揭示和描述一个对象，例如，MARC 和都柏林核心数据集就属于这类元数据。它有助于帮助用户在搜索信息的过程中发现信息并确定其存放位置，然后再确定是不是自身所需信息。

（2）结构性元数据：将资源的各个部分连接起来成为一个整体信息，用于程序里可产生一个资源的显示界面。如它可以将统计信息以图形的方式显示出来，还可以支持在资源内部各个部分间浏览的信息，例如翻动书页，跳到某一页或者某一章，在图像和文本间切换等。

（3）管理性元数据：描述数字对象的管理信息，如制作日期、资料格式、版权信息等。

2. 依资源类型分

（1）通用描述元数据：可以一般化地描述所有数据资料，如 MARC、DC、GILS 等。

（2）文字档案元数据：用于描述文字档案资料，如 TEI。

（3）数据资料元数据：这类元数据擅长描述数据资料。

（4）音乐元数据：标准音乐描述语言（SMDL）。

（5）图像与物件元数据：如艺术品描述类目（CDWA）、博物馆信息计算机交换标准框架（CIMI）、视觉资料核心类目（VRA Core Categories）、博物馆教育站点通行证数据字典（MESL Data Dictionary）。

（6）地理资料元数据：数字化地理元数据。

（7）档案保存元数据：EAD 档案编码描述格式、获取电子收藏的 Z39.50 文档。

3. 依结构化和复杂程度分

（1）未结构化元数据：未使用标准建立的索引，如搜索引擎根据网页 HTML 的标题中的标签建立的索引。

（2）相当结构化，但不复杂的元数据：可提供足够的资源描述信息。

（3）相当结构化且复杂的元数据：提供详细的资源描述信息，如MARC、EAD、CIMI等。

二、都柏林核心元数据

都柏林核心元数据，全称为都柏林核心元数据集（Dublin Core Metadata Set），简称DC，是当前世界上使用最广泛的元数据方案。目前，DC已被翻译成20多种语言，研究及采纳DC的各种项目已遍及美洲、欧洲、大洋洲、亚洲等地，DC的官方网站上有都柏林元数据的发展历程、最新进展、都柏林核心元数据创始计划（Dublin Core Meta data Initiative，简称DCMI）的介绍以及关于DC的各种会议通知等。1998年9月，因特网工程特别任务小组（IETF）正式接受了DC这一网络信息资源的描述方式，将其作为一个正式标准予以发布，即RFC2413。2003年4月8日，DC被批准为国际标准ISO15836。

（一）DC 发展概况

都柏林核心元数据产生于1995年3月，但在1994年第二届Warwick（英国）会议中，OCLC（联机计算机图书馆中心）就提出需要一套共同协定的语法来描述并协助获取网络资源，因此，DC的制定也是图书馆界工作者大力呼吁的结果。1995年3月，在美国俄亥俄州的都柏林召开了第一届DC研讨会，由OCLC和NCSA（美国超级计算应用中心）主持，共有来自52个不同领域的专家学者参与，包括图书馆员、学者、网络标准制定者、Z39.50专家、SGML专家等，共同讨论网络电子资源的标注应该包含哪些项目，此次会议的最终结果是产生了一个包含13个元素的DC元素集。此后，都柏林核心元数据的深入应用又促使了多次会议的召开，迄今为止，已达12届。在1996年9月的第三次研讨会上，DC元数据将处理对象进一步扩充到图像资源，并且为了能对图像资源进行充分著录，新增了两个著录项，同时更改了部分著录项的名称，总共产生了15个著录项。1997年10月在芬兰赫尔辛基举行的第五次系列研讨会上，又进一步明确了DC元数据格式的主要功能应侧重信息资源的著录或描述，而不是信息资源的评介。因此，将15个元素依据其所描述内容的类别和范围分为三组：对资源内容的描述、对知识产权的描述和对外部属性的描述。至此，DC的整个结构终于基本成型。

（二）DC 的 15 个核心元素

1996年，在都柏林召开的DC-3会议上，最终确定了DC元数据的15个核心元素。这15个核心元素就如同书目记录中的标记信息，但又比MARC更简练、更易于理解和扩展。这些优点使DC很容易与其他元数据形式进行交换，这也是它能成为标准的原因之一。当然，这15个元素是可选择、可重复和可扩展的。在DC-5会议上所做的报告中，将这15个元素依据其所描述内容的类别和范围分为三组。

资源内容描述类元素：题名、主题、描述、来源、语言、关联、覆盖范围。

知识产权描述类元素：创作者、出版社、其他参与者、权限管理。

外部属性描述类元素：日期、类型、格式、标识。

（三）DC 的限定词

在实际应用中，DC 元数据集中 15 个基本元素的描述能力有限，因此必须加以限定和进行若干子元素的规范描述。为了确保具有较好的操作性，在进行限定子元素规范的时候不能改变元素本身的定义，不能重新对基本元素做出解释，而只能根据自己团体和行业的需要对 DC 元素进行限定和规范。

在第四次 DC 元数据研讨会即 DC-4 上，确定了 DC 限定词（堪培拉限定词），包括如下三种：模式体系（schema）、语种描述（language）和属性类型（type）。

随着对 DC 核心元数据集的不断探索，人们对限定词的理解也越来越清晰，并依限定的情况将限定词的类型分成两种：一种是元素精确定义型限定词。此类限定词用于使一个元素的意义变得更明确或更具体。加了限定词后，元素的意义并没有改变，只是更加具体了。值得注意的是，当一个用于解析元数据的解析器无法解析特定的元素限定词时，就可以忽略该限定词，并且正确解析出元数据的原意。另一种是编码模式限定词，这些限定词从制定标准的角度对 DC 非限定词的值进行限定，即，这些值必须从限定词给出的标准中选择，这些标准包括控制词典、标准符号或解析规则等。

（四）DC 的功能

元数据可真正起到网络著录的功能，使资源的管理维护者及使用者可通过元数据了解并辨别资源，进而利用和管理资源，为由形式管理转向内容管理奠定了基础。

1. 描述功能

对信息对象的内容和位置进行描述是都柏林核心元数据最基本的功能，它为信息对象的存取和利用奠定了必要的基础。

2. 识别功能

DC 中有许多用于识别被检索的特定信息资源和区别相似信息资源的元素，如日期、类型、格式和识别符，日期提供能识别版本的信息，格式则提供资源的媒体形式或尺寸，对于资源解释很有意义。

3. 资源定位

网络资源是没有实体存在的，标识元素就准确地指明了资源的位置，标识元素包括统一资源标识符、数字对象标识符和国际标准书号，由此可以确定资源在网络上的位置所在，促进了网络环境中数字对象的发现和检索，超越了时间和空间的限制。

4. 资源检索

DC 的设计目的就是为了方便网络上所有资源的检索，其 15 个元素的制定就是为了成为用户查找资源的检索点，为搜索引擎的网络机器人提供了识别资源的线索。DC 扩展了

META 标签的描述能力，搜索引擎可以对资源进行更加深入的了解，一是提高了用户查找的准确率；二是扩展了检索点，搜索引擎可以提供更多的检索入口。以百度为例，它提供了新闻、网页、贴吧、MP3、图片、网站六个检索入口，用户可以根据检索词所属范围进行检索，而且每个检索入口下有更详细的分类，如"图片"入口又分"图片""新闻图片""彩信图片"，这样逐级将用户的检索范围缩小，对于提高检索效率是极为有利的。

5. 资源替代

由于 DC 对资源对象的详尽描述，尤其是"描述"元素对资源所做的简明扼要的介绍对原文有一定的替代作用，可以满足一部分并不需要获取原资料，仅搜集相关情报用户的需要，用户可以根据这些情报对资源进行相关的选择。

6. 资源评价

DC 提供了资源对象的名称、内容、年代、格式、制作者等基本信息，用户不必浏览资源本身，就能够对资源对象有个基本的了解和认识，参考有关标准，即可对其价值进行必要的评估作为存取和利用的参考。

总之，都柏林核心元数据集以其精练的元素描述和不断扩展的能力得到业界的认可，并逐步成为标准。展望未来 DC 的发展，DC 要面对的是如何更加准确地描述资源，如何与搜索引擎结合，DC 要得到发展，必须得到更多行业的认可，进而获得一个广阔的发展空间，同时也要不断吸收其他元数据的长处，不断改进。

（五）DC 与 MARC 元数据之间的映射

目前，随着 DC 数据元素的描述细节日渐完善，一个 DC 元素可能对应几个 MARC 字段，如"合作者或其他创作者"元素可能包含人名、机构名或会议名，有些 DC 元素在现行的 MARC 格式中可能找不到对应字段，也就是说，在某些方面，DC 已经超越了 MARC，但这一切并不能改变这样一个事实：在 DC 中，许多有用的信息都能相应地在 MARC 中找到描述的方式。DC 与不同的 MARC 在类目（字段）的定义和设置上不同，但它们在主要内容上比较一致，可以相互转换，有学者总结了不含限定词的 DC 与 MARC21 对照的基本情况。

三、资源描述框架（RDF）

数字图书馆中可以利用的元数据种类与格式很多，解决不同元数据互操作问题的一个有效方法就是建立一个标准的资源描述框架。资源描述框架（Resource Description Framework，简称 RDF）是 XML 的一项最重要的应用，对于数字图书馆的开发具有重大意义。RDF 使数字图书馆具有更佳的搜索引擎功能，在数字图书馆的网络导航中将发挥巨大作用；RDF 可以描述内容与内容之间的关系，可针对数字图书馆进行描述，易于实现知识的共享与交换；RDF 还可以使内容按儿童不宜与隐私保护等分级，可将逻辑形式独立概念的文档描述为互联网页面集，并可说明网页的知识产权。这些功能极大地方便了数字图书馆的管理、维护和使用，尤其是对网上知识产权的保护起到了积极作用。

要把 RDF 的原理阐述清楚，首先必须着眼于元数据、DC、RDF 以及 XML 之间不可分割的关系。数字图书馆信息资源组织的核心内容就是充分利用这些工具，组织各种数字资源，进而更好地服务大众。

（一）定义

RDF 是一个使用 XML 语法来表示的简单元数据方案，用它来描述网络资源的特性及资源与资源之间的关系。RDF 的主要目的是为元数据在网络上的各种应用提供一个基础结构，使应用程序之间能够在网络上交换元数据，以促进网络资源的自动化处理。

（二）组织结构

RDF 的组织结构有多种说法，三元组结构是对其最科学的描述。还有一种说法是：资源（resource）、属性（properties）、属性值（properties values），实际上，这两种说法是一致的。

（三）特点

1. 易于控制

RDF 使用简单易懂的资源、属性、属性值三元组模式，易于控制。如果用来描述元数据格式的语法太复杂，必将大大降低元数据的使用率，进而最终无法得到元数据描述规范的认可。

2. 扩展性、开放性

在使用 RDF 描述资源的时候，词汇集和资源描述是分开的，所以很容易扩展。RDF 允许任何人定义自己的词汇集，可以无缝使用多种词汇集来描述资源，从而适应不同形式资源描述的需要，通用性很强。RDF 开放性的一个最重要表现是它可根据用户自身所需，在遵循 RDF 模式规范内，就可以任意选择元数据集和自行定义扩展集。

3. 易于数据共享

RDF 使用 XML 语法，可以便捷地在网络上实现数据交换。另外，资源描述框架定义了描述词汇集的方法，可以在不同词汇集间通过确定元数据命名空间来实现含义理解层次上的数据交换，从而达到数据共享。

4. 易于实现资源的多层次描述

在 RDF 中，资源的属性是资源，属性值可以是资源，关于资源的陈述也可以是资源，都可以用 RDF 来描述。这就如同计算机科学里所倡导的面向对象的程序设计方法有总类和子类，子类也可以有子类，而且各类有各自的属性，从而可以很容易地将多个描述综合，以达到认识、拓展知识的目的。

四、元数据、XML、RDF 的关系

各类资源之间固有的差异性使各类元数据标准彼此间不能兼容，符合某种标准规范的元数据不能被其他规范接受，这就给元数据的发展带来了不利的影响。因此，W3C 提出了 XML，它提供了与供应商无关的、可由用户扩展的、可进行有效性检验的标记语言体系，即提出描述网络资源的语法规范。为了使各类标准的元数据能实现共存共用，W3C 紧接着又发布了一种基于 XML 语法的元数据规范 RDF，目的是为元数据在网络上的各种应用提供一个基础框架，使应用程序之间能够通过网络实现数据的交换和处理。如果把 XML 看成一种标准化的元数据语法规范，那么 RDF 就可以看成一种标准化的元数据语义描述规范。由此可见，XML 定义了 RDF 的表示语法，其作为 RDF 的承载体，方便了 RDF 数据的交换；同时，RDF 仅仅定义了用于描述资源的框架，并没有定义用哪些元数据来描述资源，而是允许任何人定义元数据用于描述资源。由于资源的属性不止一种，例如描述一本书时，通常需要描述作者、书名、出版日期等信息，一般定义为一个元数据集。在这之中要用到的大部分资源在 RDF 中被称作词汇集（vocabulary），它也是一种资源，可以用资源定位符来进行唯一标识。因此，在用 RDF 描述资源的时候，就可以使用各种不同的词汇集，只需用统一资源标识符指明即可。不同词汇集的使用范围不同，有的词汇集仅被定义它的人使用，有的词汇集比较科学和通俗易懂从而为许多人所接受。而以类似图书馆卡片目录的方式来定义资源的词汇集——都柏林核心词汇集，则因为其很强的科学性而逐渐被大多数资源描述工具所使用，因此，RDF 一般使用都柏林核心词汇集来描述资源。

第四章　数字图书馆的队伍建设

第一节　数字图书馆的人才建设

一、数字图书馆建设对人才的需求

从信息经济到知识经济，人才已经成为最重要的生产力资源。而网络化、数字化正是产生数字图书馆建设需求的技术背景与环境。数字图书馆是由于在信息经济、知识经济的热潮中，人们有更有效地利用与管理信息与知识的需求而应运而生的。数字图书馆领域本身是最为具有信息经济与知识经济时代特征的新兴领域。在这样的一个建设领域中，人才无疑是最重要的建设资源，是事业成败的关键。

20 世纪 70 年代曾经有过一次关于"信息爆炸"的浪潮，那时人们普遍认为随着科学技术与经济的快速发展，人类社会产生的信息与知识呈指数型增长，对于信息的加工与利用成为一个亟待解决的问题。因此，这一次对于信息爆炸的充分认识也促使了以计算机为代表的信息处理技术的飞速发展，使计算机这一计算工具从主要为科学计算服务转变为主要为信息处理服务，同时也为这一产业的发展提供了广阔的市场空间。由于计算机的处理能力依照满足摩尔定律的速度高速发展，而且不光是硬件，软件也在短时间内得到长足的进步，因此，它比较好地满足了许多行业对信息处理的需求，使得这些行业的工作效率与效果都得以很大的提高。这其中就包括图书馆行业。正是由于计算机应用在图书馆的成功，使得图书馆界的工作重点从手工加工为主逐渐转型，对于一些传统的专业人才的需求大为减少，很多人也认为依靠计算机就可以直接将图书馆的所有问题都解决，图书馆界以后需要大量的是从事计算机开发与应用的专业技术人员。这样的背景也直接或间接地导致了像美国的大量图书馆学院裁并的情况，使得图书馆的专业教育进入一个低谷。（这一点与我国目前的图书馆学教育进入一个低谷有一定的类似）。

90 年代，随着网络的发展，尤其是因特网的发展，一个完整意义上的信息社会的雏形诞生了。由于信息的大量无序的膨胀，使人们又一次惊呼"信息爆炸"的来临。但这一次的"信息爆炸"的热潮与 70 年代那一次有着很大的不同，70 年代的信息爆炸中的信息绝大部分来自于传统的媒介，比印刷型的文献、期刊、报纸，新型的影视与音频资料，绝大多数还是属于非数字化的信息资料，因此，解决那一次信息爆炸难题的关键是找到并利用新的信息处理技术，这就是基于计算机处理的信息处理技术的由来。而由于多年来信息处理技术的推广应用，使 90 年代的信息爆炸中的信息多半即是由计算机或网络技术环境下产生的数字化信息。对这一次信息爆炸难题的解决重点已从转换、处理及应用转变为管理、分析及应用上来。换言之，是要找到一些能够真正管理与利用海量信息的技术与方法，使信息从无序走向有序，使信息能得以更为有效地应用。在这样的背景下，图书情报业界的一些专业理论与方法重新受到了重视，因为，这些理论与方法是百多年来经实践证明是行之有效的方法，有一些在 70 年代后计算机应用的实践中又一次得到了验证。而将这些理论与方法应用于数字化与网络环境下的信息管理、分析加工及服务则成为数字图书馆建设的重要基石，也是数字图书馆员的首要任务。有意思的是，也正是基于这样的认识，因特网的发展使得美国许多关闭的图书馆学院又得以恢复。

在数字图书馆环境中，因为图书馆员所管理的信息的性质、数量与质量以及存取方式都发生了很大变化，尽管对信息的组织、管理与服务的效率应该比传统的方式有很大的提高，但并不能因此就认为对专业信息管理人员（图书馆员）需求的减少。有人认为技术与数字图书馆的概念减少了对专业人员的依赖，使数字图书馆管理与运作中人员数量大为减少，人才的需求并不是很大。其实事实并非如此。目前的信息技术发展一日千里，但信息技术的发展还是有其局限性。诸如参考服务、编辑、摘要评论与元数据标引等工作以及人性化的服务方面，并没有相对应的具体技术手段可以替代人。以我们现在面临的又一次信息爆炸的背景来看，我们对具有现代信息管理能力，掌握现代信息技术的专业人士的需求不是少了，而是多了。对这些人才的需求也不会再局限于传统的图书、情报行业，而是会延伸到所有需要信息管理与服务，所有需要应用数字图书馆概念与技术的广阔领域去。

相对于传统的图书馆行业来说，数字图书馆建设已经不再注重建筑物实体的建设，对信息资源也从保有转变为更注重获取的能力，因此在数字图书馆的建设与服务中更强调人员与技术的层面，强调人的作用，强调人的专业知识、技术能力、信息素养等等。

传统图书馆中，图书馆的馆员一般只是在一个已经建设完成的图书馆中专注于服务与自己的业务工作。而在目前图书馆业界的数字图书馆建设热潮中，数字图书馆员不仅仅要专注于数字图书馆的服务与业务工作，更多的是要与行业外的专业技术人员一起来规划、设计与建设数字图书馆。在这一过程中，不仅对新型人才的需求更大，而且要求更高。那么数字图书馆建设与运作到底需要什么样的人才呢？本章将对数字图书馆建设与运作中所需要的人才结构、数字图书馆员的角色定位、数字图书馆员应用的能力与素质以及如何来建设与培养这样一支数字图书馆人才这些问题作一些初步的探讨。

二、数字图书馆建设所需人才队伍的结构

就像传统的图书馆建设与运作一样，数字图书馆的建设与运作是一个系统工程。在数

字图书馆的建设与运作中，我们需要各种类型与技能的人才，实际上是需要一个有着合理结构的团队才能完成数字图书馆建设与运作这样一个系统工程。理解与掌握数字图书馆建设中所需人才的结构，对于数字图书馆建设与运作所需人才的建设是至关重要的。根据数字图书馆建设与运作的特点与要求，我们认为数字图书馆主要需要以下几类人才：

（一）管理人才

纲举目张，管理人才在整个数字图书馆建设与运作所需的人才队伍中是最为重要的。特别是在数字图书馆的建设与运作中，由于数字图书馆的建设本身尚未在方案与技术上完全定型，因此，更迫切需要具有领导才能的高级管理人才高屋建瓴的长远眼光与决策能力。

其次，数字图书馆建设的最终目标并不是靠一两个图书馆所能建成的。因此，在一个系统、一个地区或者是国家范围内各个数字图书馆建设实体的领导层之间的合作与协调能力，是整个数字图书馆系统工程建设成败的关键。

第三，在数字图书馆以往的建设实践中，都存在一个理想的模型与现实的实践之间的矛盾。对于传统的图书馆行业来讲，比较现实的做法是在传统的图书馆基础之上着手进行数字图书馆的建设。如何解决在数字图书馆的建设与传统图书馆的运作之间的关系与矛盾，也是摆着数字图书馆建设管理人员面前的重要课题。解决与平衡这样的矛盾关系涉及人员、资金、设备条件、技术条件与业务改革等诸多方面，不仅需要管理人员对传统的图书馆业务与管理有着深入的了解与经验，更需要他们对现代信息技术的相关知识与发展方向有很好的理解力。

第四，数字图书馆与图书馆自动化不同，由于后者已有着成熟的技术与模型。数字图书馆的建设就比如将一个个已知的技术方案作为零件组装起来，成为一个完整的系统，但是目前这个系统并没有一个放之四海而皆准、相对比较完整的设计方案。这样的系统往往因各个数字图书馆建设实体的资源组织、资源管理与服务模式的不同而有着很大的不同，同时也受限于各个单位的人力、资金与各种条件的制约。如何来设计与组装符合自己单位的实用系统，这里最主要的是依靠管理人员的创造能力与其对技术的理解能力。

我们在数字图书馆的建设中面临着许多新的技术课题、新的矛盾关系，需要新的思路。所有这些原因都使得我们在数字图书馆的建设与运作中，对懂技术、善管理、具有创造性的高级管理人才的需求更为迫切。我们认为，在数字图书馆的建设中，管理与技术这两大要素中管理更为重要。由于在数字图书馆建设中所涉及的一些高精尖的技术课题，实际上也是整个信息产业界所面临的课题，有些还是多年来悬而未决的难题。对这些问题的解决，显然并不能依靠我们图书馆业界的数字图书馆建设者们去完成。而对我们所拥有的传统的信息管理理论与方法的应用，对新兴的信息技术的应用，并使之切合我们自身每个单位的特点，使之组合成为一个有效的应用系统，则一定要依靠我们自己的管理人员来完成。

对于数字图书馆建设与运作的管理来讲，所需的管理人才也是多种多样的。有的负责决策与规划，有的负责技术开发、工程管理，有的负责业务运作与服务等等。对于一个较为大型的数字图书馆系统建设来说，要求管理者具有面面俱到的能力是不现实的。为了讨论为满足数字图书馆的建设与运作的要求，而应具有的管理能力与素质问题，我们将相关的能力与素质要求列出，但这里并不等于说每一个管理者都应具有所有这些能力与素质。

我们认为数字图书馆建设与运作的管理者所应具有的能力与素质如下：

● 领导才能（包括决策能力与远见卓识）。

● 管理知识与经验（包括对传统图书馆业务的管理知识与经验）。

● 对图书馆的基本理论与方法有很好的掌握。

● 对数字图书馆概念与内涵有着正确与充分的认识。

● 对新的信息技术有很好的理解力。

● 软件系统开发、网络集成等技术工程管理能力。

● 业务创新与管理能力。

● 人际关系协调能力。

● 对外宣传、合作的能力。

● 市场运作能力。

（二）数字图书馆馆员

对应于传统图书馆员是图书馆建设与运作的中坚一样，我们将执行相类似任务的数字图书馆工作人员定义为数字图书馆员，即在数字图书馆建设与运作中主要参与信息组织、管理与服务的工作人员。

数字图书馆的建设与运作需要合格的数字图书馆员，这是一个很简单的道理。那么什么是数字图书馆员呢？具有什么样的能力与素质才是合格的数字图书馆员呢？我们认为，就像数字图书馆这一概念本身是一个还在不断发展的概念一样，数字图书馆的建设与运作还有很多的未知等待着我们去探索。在目前的情况下，强求关于数字图书馆员的精确定义意义不大。通常而言，我们可以简单地将其理解为能够满足数字图书馆建设与运作要求的合格人才为数字图书馆员。

从数字图书馆员的任务描述出发，数字图书馆员的许多工作与传统图书馆员的工作应该是相互对应的。例如，传统图书馆员要对数以万计的资料进行分类整理，通过提供读者检索工具以帮助读者更好地找到资料。这些任务在数字图书馆时代也一样是非常重要的，甚至是显得更为重要。

今天在网上的检索工具中，很少有像传统图书馆那样组织良好的检索工具。如何来对数字图书馆资源进行更好地组织与管理是值得探讨的一个课题，甚至可以说是最重要的课题。实际上，这也是对数字图书馆需求的根本起源。

另外一项图书馆员的传统工作是参考咨询，读者并不需要去了解如何来获得信息，图书馆员成为用户与信息之间的桥梁，或者说是将是读者的信息或知识导航员。这项传统的重要工作，实际上是包含两个方面的内容。第一，用户总是需要帮助来获得他所需要的信息，无论这些信息是否是数字化了的。当然开发上面介绍的检索系统能使这个工作变得更为方便，然而使这样的系统能够做到像今天的参考工作那样的有效则是需要进一步的研究；第二，用户所面临最困难的部分是如何来获得数字图书馆的服务，如何来连接上数字图书馆的网络。在今天，因特网是个很好的选择，但不管什么样的物理连接方式都会造成用户费用上的负担。另一个选择是到一个实体的图书馆中，而通过这个图书馆的数字图书馆终端则可以访问到其他图书馆以及整个广域网上的数字图书馆资源。

最后，我们要提到的是传统图书馆员所需要完成的是馆藏建设任务。它是根据用户的需求，由图书馆员考察与评估所有可获得的信息资源，并将其中最适用于需求的部分采购进来。

如今的数字图书馆包括了各种各样的资源。有些资源的存取非常方便（例如 WWW 网络资源），也会使得我们忽视对其他传统的资源组织，这一现象在我们的一些情报咨询部门显得较为普遍。实际上，传统的印刷型的许多资源对上述存取方便的数字化或网络资源是很好的补充，并且更为可靠权威。在未来传统的藏书建设政策一定会有很大的改变与发展，其最终目的也是为了获得更为完整与有效的信息资源。数字图书馆员的任务就是要不断地学习与发展这样的策略，以使未来数字图书馆的信息资源的储备能够满足用户的需求。

在有关数字图书馆建设所需人才中，对数字图书馆员的讨论是本章的核心内容。在下面的各个小节中，我们将逐步地描述与界定数字图书馆员的内涵与要求，力求勾勒出未来数字图书馆员的大致概念。

3. 技术人才

传统图书馆管理与服务的主要内容是印刷型文献，而数字图书馆管理与服务的主要内容是数字化资源，相对应的，没有数字信息技术能力是不能胜任建设与服务工作的。正如在传统图书馆中，由于工作积累，涌现了许多文献整理与校勘专家。在数字图书馆的建设与运作中，没有对数字化资源的特点、管理以及存取的工具（软硬件平台）有充分的知识与操作能力，也是难以想象的。同样经过长年数字图书馆建设的经验积累与能力的提高，在现有的数字图书馆工作人员中，出现一批对数字化资源管理、运作以及相关技术有相当造诣的专家也是有可能的。因此，在数字图书馆建设与运作中，对技术人才的需求是巨大的。即数字图书馆的建设与运作是一个信息技术密集型的行业。

对技术人才的需求也包含两个层次的含义：一是要引进数字图书馆建设与运作所需的高技术人才；二是现有的传统图书馆员必须要进行转型，增加技术能力的含量，否则将不能满足未来数字图书馆行业发展的需要。

那么我们到底需要一些什么样的技术人才呢？这可以从技术与具体的工作内含两方面来加以界定。

（1）从技术内容来看。数字图书馆建设与运作大致有以下具体技术：数字化技术；

信息管理技术；网络技术；服务器及个人信息终端相关技术；多媒体及内容发布技术。在这些技术中，数字化与信息管理与传统的图书馆建设有一定的相关度，而后面的三项技术内容对图书馆员来讲则是全新的信息技术内容。

（2）从具体的工作内容来看。数字图书馆建设与运作所需的技术工种大致有以下几类：

- 开发主管与系统设计。
- 软件工程管理。
- 核心技术开发。
- 编程人员。
- 网络规划与设计。
- 网络管理与维护工程师。
- 网站工程师。
- 小型机与大型机服务器管理。
- 个人信息终端支持。
- 资源数字化专家。
- 内容管理专家。
- 美工与设计人才。
- 多媒体制作专家。

同样在上述工作内容中，有一些可以由传统的图书馆员通过培训与学习顺利转型。而其中大多数都是需要全新的信息技术知识与能力，这些知识能力甚至经验与传统的图书馆员的专长差之甚远，这就更需要我们的绝大多数图书馆员为了跟上时代的步伐，甚至可以说为了自己的职业前途而付出加倍的努力。

当然，由于数字图书馆的建设与运作是一个技术含量较高的领域，其中涉及一些高级的技术人才（尤其是在初创的建设阶段）以及纯粹的技术工作（如编程人员），对于这些人才的需求往往可以用外包或合作的形式来加以解决。这是由于，在建设初期所需的技术人才，一旦在建设阶段结束进入正常运营的阶段后就不再需要。其次从图书馆的实际情况看，它也不可能养一批目前人力成本很高的信息技术专门人才，国内的情况是如此，国外情况较好的图书馆也是如此。国外的一些图书馆也有将整个的信息技术支持的部门外包的情况。这样的做法，使得图书馆能以较低的成本得到最为专业的服务，也借以人才使用的社会化分工使得专为人才的使用效率得到最大的发挥。而传统的做法使得图书馆很少能得到最好的技术人才，即使有幸找到这样的人才，也往往会造成人才高消费的现象，最终的结果也是难以留住人才。

但是，以上的做法并不是说我们不需要专门引进专业的技术人才。对于我国的绝大多数图书馆来说，对技术人才的引进是不足的。虽然说这也有着各方面的原因（比如说待遇、工作条件等等），但是技术人员的引进不足也使得整个图书馆行业缺乏技术氛围，也由于没有相应的技术人员的带动，整个图书馆界的图书馆工作人员与管理人员对信息技术的相关知识与理解力偏弱。对于数字图书馆建设这样带有浓厚的系统工程来说，不能不说是一个致命的弱点。因此，加强专业技术人才的引进、培养与管理，对于搞好数字图书馆建设是十分重要的，尤其是在数字图书馆的初创阶段。

总体而言，根据数字图书馆的建设实际需要出发，目前我们应该加强对技术人员的引进与培养。引进与培养应偏重于技术管理与应用的人员，而将开发阶段所需的专业人才甚至是今后的技术维护都可以用外包与外协的方式予以解决。

4. 市场营销人才

我们都知道，传统图书馆与数字图书馆的定位有着很大的不同。传统的图书馆偏重于文献资源的收藏，每一个图书馆的服务对象都有着其相对固定的社区、学校、城市或一个系统的范围。由于市场区隔相对固定，每个图书馆在其固定的用户区域内一般不存在与其他图书馆之间的直接竞争。也就是说，原来的图书馆是没有多少市场意识的，可能也正是这一点，使得在信息社会到来之际，传统图书馆在信息服务领域的地位日渐衰弱。

数字图书馆则不同，数字图书馆的理念就是要在网络的环境下，打破时空的限制向用户服务。因此在相同的市场区域中，数字图书馆与数字图书馆之间的直接竞争应该说是不可避免的。一个数字图书馆要获得成功，赢得生存的机遇，也必然要在市场营销上赢得先机。虽然相对于传统图书馆的公益性来讲，数字图书馆是否仍然具有公益性尚无公论。但不管数字图书馆的成败生存一定要建立在成功的市场营销基础上，因为它相对于传统图书馆而言，已经没有了地域与时空的壁垒，被替代的可能性要多得多。因此，每一个数字图书馆在建设之初就应把市场营销的观念放在首位，找到真正的用户需求，做出自己的市场定位，加强自己的核心竞争优势，在数字图书馆的市场区隔争一席之地。

这样的定位就带来了数字图书馆对市场营销人才的需求。严格意义上来说，市场营销观念应是数字图书馆建设的出发点，因此市场营销人才这一在传统图书馆中找不到位置的专业人才应成为数字图书馆建设的排头兵。与其他领域的市场营销不同，数字图书馆的市场营销实际上是一种针对信息市场服务的产品营销，数字图书馆的产品就是一种服务，而其服务的内容就是信息或知识。从这一点来说，数字图书馆的营销人才必须对信息市场营销的特点有深刻认识，掌握信息服务的主要业务内容甚至于对传统图书馆的服务有相当的认识。

从工作内容上来看，数字图书馆的市场营销人才其主要工作是：需求分析（市场调查、用户调研）、市场定位与营销战略、市场促销等等。与传统行业不同的事，由于数字图书馆本身的特点，在市场促销中网上促销方式将成为其重要内容。

5. 法律人才

我们知道在数字图书馆建设中会涉及很多的法律问题与相关事务，因此，在数字图书馆的建设与运作过程中，法律人才是不可或缺的。由于数字图书馆建设中涉及的一些问题比较新，涉及面也较广，有些相关问题还难以在现在的法律框架中找到定论。这些不确定性与实施的难度使得数字图书馆建设中法律人才的需求更为迫切。国外在数字图书馆建设过程中，非常重视相关的法律问题。比如美国国会图书馆的美国回忆（American Memory）数字图书馆项目，其每一个子项目的内容版权问题都要经过专门的法律专家小组的审核。而我们国家的很多相关建设项目中，对版权问题的重视程度并不是很高。

对于数字图书馆建设来说，所需的法律人才排在首位的是版权问题方面的专家，他不仅能够帮助制定数字图书馆建设中的相关版权保护政策，进行一些版权内容的谈判，还可以帮助数字图书馆建设单位保护自身的知识产权。此外，数字图书馆建设也是一个资金密集型的事业，其中涉及相当多的设备购买、协作开发、外包等等很多商务运作内容，没有一个合同方面的法律顾问专家或专职工作人员是不行的。同时，数字图书馆的运营与服务，也同样会涉及用户与服务方的利益纠纷、服务质量与内容的纠纷等等，对相关问题的解决也是需要在合同基础上，由法律专家或专业人士予以处理。

对于相应的法律人才需求，外聘的法律顾问是必需的。同时，专职的法律专业人员也是不可或缺的，尤其是对原来规模较大的单位来说，其原有的业务需求再加上数字图书馆建设中大量的版权及合同事务，不配备 1-2 名专职的法律事务工作人员一定会给今后的工作造成不小的麻烦。

三、数字图书馆员的角色定位

角色，从社会学的意义来说，指的是与人们的社会地位、身份相一致的一整套权利、义务的规范与行为模式。在过去的几十年间，图书馆员的职业角色发生了很大的变化。从传统图书馆走向图书馆自动化、电子图书馆以及数字图书馆，图书馆所管理的信息资源的形式特征、服务模式及各种相关工作内容都发生了很大的变化，这就迫使图书馆员的社会角色也发生不以自身意志为转移的变化。对于现代的图书馆员或者是新型的数字图书馆员来说，就其角色变化而言，出现了许多新称谓。这些新角色如信息领航员（Information Navigator）、知识出版者（Publisher）、信息管理与传播者（Information manager and Communicator）、知识导航员（Knowledge Navigator）等。1993 年，比利时人米歇尔·鲍文斯（Michel Bauwens）还首次使用了"Cybrarian"来称呼那些利用网络技术进行信息采集、管理和服务的人。

尽管以上这些称谓五花八门，不一而足，但大多是从一个侧面或某一个部分反映数字图书馆员职业角色的变化或其所具有的某种职能。在所有这些称谓中，笔者最认同的还是"知识导航员"这一名词。

从传统的图书馆员到"知识导航员"的角色的变化，正好体现了数字图书馆与传统图书馆在基本概念与服务理念上的不同。传统的图书馆员以管理传统的文献信息为主，然后作为文献与读者之间的二传手将文献提供给读者，许多工作是被动的和简单重复的。而"知识导航员"则是利用现代信息技术，根据用户的需求，组织自有或网络上的信息资源，形成知识库，提供给用户服务。最终直接帮助用户找到其所需的相关知识。

在这里，数字图书馆员的角色就不再是一个简单的类似仓库保管员的职能，以及类似二传手的简单服务能力，而是一个能主动了解用户的需求，利用现代信息技术，查找、管理、利用现有的信息与知识，分析、综合、加工成用户所需的知识内容，最后是利用信息技术发布或者帮助用户查找到他所需的知识。综上所述，数字图书馆员成为用户在知识与信息海洋中真正的导游，主动服务替代了简单的保存与传递。

对于数字图书馆员在新时代的各种角色内涵，美国科罗拉多州的图书馆员 Nancy Bolt，对信息高速公路环境下的图书馆员的角色作了详细的论述，她认为网络时代的图书馆员作为知识导航员主要具有以下的角色内涵：①知识提供 Knowledge Provider；②知识中介 Knowledge Gateway；③知识教员 Knowledge Teacher；④知识组织 Knowledge Organizer；⑤知识创建 Knowledge Creator；⑥知识交流 Knowledge Partner。

数字图书馆的研究与实践使得数字图书馆的相关技术发展大大加快，然而所有这些技术并不能替代数字图书馆员的作用，同时也没有一种相关技术能创造出自动的数字图书馆员来。反过来说，传统的图书馆员向数字图书馆员角色的转变并不是"顺理成章"的，这需要图书馆员自身做出巨大的努力，不仅在观念与心理上要做好充分的准备，而且在知识技能方面都需要很大的提高。信息时代的冲击，信息资源的多样化，使得传统的图书馆功能削弱了，传统的图书馆员的社会角色在弱化，社会地位在下降。数字图书馆的发展给图书馆员自身的职业发展提供了一次挑战，但更是一次机遇。能否成功地转型就取决于各人的主观意志、能力与环境。

四、数字图书馆员的素质与能力要求

数字图书馆员是建设与运作数字图书馆的骨干力量。数字图书馆员不仅需要具有传统的文献信息及其相关的管理与服务知识，更需要对新技术尤其是信息技术与网络技术有深刻的认识与掌握。由于数字图书馆本身还是一个发展中的事物，新技术的发展也日新月异，那么对于数字图书馆员来讲，为了胜任在这样的环境中的任务要求，他们到底应该具有哪些素质与技能呢？我们认为，数字图书馆员应具有以下三种能力与素养：良好的信息素养、计算机技能与终身学习的能力。

（一）信息素养

什么是信息素养（Information Literacy）：简言之，信息素养就是获取、评估、查找以及利用信息的能力，并且能据此能力成为一个终身学习者。如果我们将信息素养中的信息能力再扩展一下，那就是能够明确信息的需求，对获取信息有进行综合与分析的能力，并将结果以一定的形式与他人进行交流与利用。

1992 年，Christina Doyle 进一步利用 Delphi 循环问卷法的方式，结合全美各地 136 位受访者的意见，将信息素养进一步定义为：有能力从各种不同的信息来源获取、评估和使用信息。并据此细分为十种能力：

（1）能辨识自己的信息需求。

（2）能了解完整的信息与智慧决策之间的关系。

（3）能有效地陈述信息问题，表达信息需求。

（4）知道有哪些有用的信息资源。

（5）能制订妥善的信息检索策略。

（6）能使用印刷型及不同方式储存信息资源。

（7）能评估信息的关联及有用程度。

（8）组织信息使其有实用性。

（9）吸收新信息使之成为自己知识结构的一部分。

（10）能利用信息进行批判性思考及解决问题。

在现代信息社会的环境中，每一个从业者对于信息的利用能力都是其自身社会竞争力的最主要组成部分。对于从事信息专业工作的图书馆员来讲，信息素养更是其必备的专业素质与能力。另外，无论从社会环境，还是从传统图书馆到电子图书馆再到数字图书馆的发展演变，图书馆已从依赖于信息载体的信息管理与利用跨越到载体的无形时代，直接关注于信息与知识是目前建构于网络时代的数字图书馆的最主要的特点。数字图书馆员在建设与运作数字图书馆的过程中，正是要关注信息本身，加深对信息的理解与利用能力，不断地学习新的信息与知识，以完成管理、综合、加工与利用信息的任务，因此，具有较高的信息素养能力是其能力结构中最重要的基石。

学会确定在网络时代中数字图书馆环境下用户对信息的需求，熟悉数字信息及其在网络环境下的特点，学会正确地评价数字化信息的价值，掌握网络环境中数字信息的查找与获取，对数字信息的综合与利用以及与其他信息机构及专业同行乃至用户的合作意识是数字图书馆员的信息素养能力在数字图书馆建设与运作中的具体表现。数字图书馆员只有加强自身信息创新方面的教育、提高信息素养，这样才能为用户提供全新的、深层次的信息服务。

（二）计算机素养

对应于信息素养有所谓计算机素养的要求。由于无可否认，计算机技术是现代信息社会中信息创建、处理与传播的基本工具与平台，也是现代信息技术概念的内涵。不掌握计算机相关技术，没有这一方面的基本能力，信息素养能力的发挥是要大打折扣的。

计算机素养（Computer Literacy），也有人称其为工具素养（Tool Literacy）或者直接称其为信息技术素养，其含义就是利用计算机或者说是信息技术工具的能力。这一素养强调操作与管理利用的能力，而不是以人作为机器的奴隶。实质上，计算机素养应该是信息素养的一个组成部分，它将对信息的知晓转向了对信息的利用工具与手段上。

过去十年内，信息技术的一个最重要的进展就是能够更有效地组织与输送信息给每一个人，现在这一输送信息的能力早就大大超出个人所能管理与有效利用它们的能力。技术的进步，信息的洪流，推动着个人不断地去学习掌握计算机技术，并使之用于更有效地利用信息。这些技能都成为信息素养的一个重要组成部分。这也就是谈到信息素养不能不重视计算机素养的主要原因。当然计算机素养服务于信息素养这一整体性的能力，而信息素养具有更为广泛的含义。

作为一种素养来说，并不是具体一种技能的代名词。对于不同的人，不同的应用需求素养可以表现为不同的要求，不同的层次。美国外语教育委员会（ACTFL，The American Council on the Teaching of Foreign Languages）对计算机素养进行了进一步的界定，划分成五个层次。这五个层次分别是游客级（偶尔为之的用户）；寄居级（日常用户）；航行者级（专业用户）；探索者级（高级用户）以及最高层次大使级。下面我们简单介绍这五个层次不同的能力与技能要求。

1. 第一级：游客级（偶尔为之的用户）

①能力：能够使用计算机上的预先安装的娱乐或教育软件包，或者能够使用文字处理器、电子试算表或数据库来完成简单的任务。这一级的用户能够在需要的时候处理与使用相关技术。

②技能：知道如何来同操作系统打交道，并且在能够在基本的层面上处理应用程序：包括装入和运行程序，管理文件。还具有一些管理在硬盘上的文件的技能并能独立的学习应用程序。理解计算机硬件与操作的基本概念。

2. 第二级：寄居级（日常用户）

①能力：能够熟练运用一些较窄范围内的特定应用程序来完成比如桌面出版、作业与工作任务，这些应用程序可能是文字处理程序、电子试算表、桌面出版以及图形制作等等。能够对 1-2 个应用程序掌握良好的技能，并且还熟悉许多其他应用程序。

②技能：更为高级的应用程序与操作系统道管理，包括硬盘的组织管理。能够利用应用程序中的快捷键以及定制应用程序。利用 E-mail 进行简单的交流能力以及利用万维网来查找信息。具有初步的解决系统故障问题的能力。

3. 第三级：航行者级（专业用户）

①能力：有能力运用一个较大范围内的应用程序如完成创新的工作要求，包括多媒体的报告，高级的桌面出版计划以及管理一个小型的企业。能够将许多的应用组合在一起，比如电子试算表、数据库和文字处理器等等，利用它们来管理大型的项目，并且为每项任务选择最合适的应用程序。专业用户应该能够引导以及创新地运用技术，能够创建并完成旁人不可能以其他方法完成的任务。

②技能：专业用户使用多个应用程序。他们很容易地利用电子邮件的附件及各种创新应用，利用万维网作为下载信息的来源（这意味着能够管理及操作许多不同的文件格式以

及相应的工具）。能够完成简单的硬件安装与升级任务。

4. 第四级：探索者级（高级用户）

①能力：不仅能够以专家的眼光选择商业的应用软件，而且能够选择共享软件与工具来提供一个独特的解决方案。善于组合不同来源的数据。高级用户能够扩展出应用的局限性，比如专业用户只是做一个网页，而高级用户则会在网页上加上 Java 与各种多媒体特性。高级用户也应成为各种问题解决的顾问。

②技能：能够理解并有能力进行一些程序、程序脚本以及宏的编写，并用它们来开拓与扩展应用程序。熟练地进行硬件的升级与优化，包括使用一些类似视频捕捉的多媒体外设。

5. 第五级：大师级（大师级用户）

计算机高手，掌握几乎所有的应用程序与计算机外设，自如地运用它们作为个人娱乐及丰富自己生活与工作的境界。

以上即是对计算机素养的一种具有操作性的具体定义与要求。对应于上面的五级能力层次来讲，我们认为数字图书馆员最低要求应具有第二级的能力，因为这样的能力要求是我们对信息检索、处理以及进行交流利用的基本保障。当然最好能达到第三级甚至第四级的能力，这样才能更高效、更有质量地完成信息服务的任务需求，相应的能力也将能够保证数字图书馆建设与开发的需求。在本节的第四部分中，我们还将提出在目前的信息技术环境下，数字图书馆员所应掌握的一些具体的技术能力要求。

需要指出的是，信息技术本身的发展是日新月异，比如，芯片的计算能力就以符合摩尔定律的规律每十八个月翻一番，同时软件与相关知识更新的速度也非常快。这就造成了对具体的应用能力与技术来讲，今天的高级技能也许在明天就没有用武之地了。由于计算机终端设备本身的变化，计算机素养这个词也许明天就变成了个人信息终端素养了。因此，在计算机素养的能力培养与评判上，应强调对计算机或者信息技术基本概念的掌握，强调对新知识与技能的学习能力，强调解决问题的能力。

（三）自我学习的能力

如何来培养或找到一个合格的数字图书馆员呢？哪些技能、经验或品质应该是被看重的呢？对这个问题的回答可以有两种不同的角度。一种是从看重现有的知识与技能，从现有的具体工作与技术要求出发去挑选人才。而另一种则是从自我学习的能力出发，从未来发展的潜力出发去挑选人才。

数字图书馆的概念以及数字图书馆的建设事业，目前还是在不断发展与完善的过程中。其未来的发展以及新的技术与领域肯定有很多我们今天是无法预测的。我们所能预见的就是变化将是其中不变的主题，实际上变化也是这个世界许多事物发展永恒的主题。但是作为信息技术最前沿的应用领域数字图书馆来说，变化将会来得更快更多。在这样的环境下，数字图书馆员本身已所具有的知识与技能就变得不是很重要了，更重要的是他能够适应这个变化的环境，不断地学习新的知识与技能，才能跟上甚至带动这个领域的发展。

举例来说，随着科学技术的发展，知识增长速度大大加快。英国技术预测专家詹姆斯·马丁的测算结果表明：人类的知识在19世纪是每50年增加一倍，20世纪初是每10年增加一倍，70年代是每5年增加一倍，而近10年则为每3年增加一倍。同样以数字图书馆员所应掌握的具体的计算机软件或相关技能来说，目前这样的知识更新速度也大体上是三年左右的时间，也就是说，三年前掌握的具体的计算机技能三年后大多应不适用了。在这样一个知识以爆炸式的速度急剧增长，老知识很快过时的时代，具有自我学习、终身学习的素养与能力要比你现在所掌握的知识与技能的多寡要重要得多。

从前面所讲的数字图书馆员所应具有的信息素养来看，其内涵也是信息素养、计算机素养与终身学习的能力三位一体的。你必须具有了解信息、找到信息以及处理与分析信息的能力，而计算机或其他信息技术装备则是你完成这些工作的工具，而你对信息的处理、对表知识的发现则是你自我学习、终身学习的养分与资源。

美国图书馆杂志的数字图书馆专栏作者 Roy Tennant 指出从自我学习的品质出发，数字图书馆员应具有如下的素质与特性：

（1）能够不断地学习、快速地学习新的知识与技能。

（2）保持灵活性。

（3）怀疑一切。

（4）敢于冒险。

（5）对公众服务的热情与认识。

（6）团队精神。

（7）鼓励与促进变革的能力。

（8）独立工作的能力。

五、数字图书馆员的技能要求

诚然作为数字图书馆员来说，其自我学习能力素质是最重要的，但是对于目前的建设应用来说，明确数字图书馆员应具有哪些基本的技能，对于我们在人才队伍的建设规范、人员配置乃至作为数字图书馆员的学习的方向指导都是很必要的。当然，对于其中的信息技术技能的要求与内容来讲，只能是作为在目前的环境与技术条件下的一个参考，在今后的发展中这样的要求会随着发展而不断变化。

我们认为对于数字图书馆员来说，其现阶段所需掌握的基本技能实际上与数字图书馆的建设与服务需求相对应，大致上可以分为这几个方面：数字化信息的创建与获取；信息的管理与组织；信息的检索；信息的发布与服务。

在以上的工作任务中，信息的管理与组织以及信息的检索实际上沿用或发展了许多传统图书馆和图书馆自动化时代所使用的理论与方法，这些基本技能对于图书馆的专业人员是其长处所在。然而在数字图书馆时代，所有上述的技能需求都要求在网络环境下，在信息技术条件下来完成，计算机与网络的相关知识与技能就变得尤为重要了。

（一）计算机的技能

从计算机的技能来说，无非是对以下三个部分的掌握：

（1）操作系统。要对目前的主流操作系统具有操作能力，以目前的主要操作系统类型有所了解。

（2）硬件知识。即是要掌握硬件的基本概念并具有初步的解决硬件故障的能力。

（3）软件系统。能够理解自己所使用的应用程序、数据库等。当然能利用一定的开发工具完成特定的任务则更好。

（二）网络技能

从目前的网络环境来说，首先是要了解网络的基本概念与组成模式，无论是局域网还是因特网。其次就是熟悉掌握网络环境下的信息资源，能够利用各种工具在网络上查找到所需要的信息或知识，这其中最重要的就是对搜索引擎的掌握与使用。最后是具有在网上发布信息与服务的能力，这就需要对 WEB 技术有充分的了解与掌握，能够独立地建立网站与主页，也能够熟练地使用 E-mail 等网络通信工具与用户进行交流并提供服务。

归纳一下我们认为目前对于数字图书馆员来说最迫切需要掌握的计算机与网络技能包括如下：

（1）网络搜索引擎。

（2）搜索技巧。

（3）对专业及重要的网站的熟悉。

（4）网上数据库的检索。

（5）解决 PC 等信息终端一般问题的能力。

（6）E-MAIL。

（7）对主流操作系统如 WINDOWS 等的掌握。

（8）建设网站的能力。

（三）综合技能

对于数字图书馆员所需掌握的技术，Roy Tennant 在他的专栏文章中也作了如下的总结，他认为如下的技术是未来的数字图书馆员务必掌握的（当然不是说每一个人都要掌握所有列出的技术）：

（1）图像技术（对数字化图像的处理等相关概念）。

（2）OCR（光学字符识别，主要应用于传统印刷品数字化的技术）。

（3）标记语言（如 SGML/HTML/XML 等）。

（4）编目与元数据。

（5）索引与数据库技术。

（6）用户界面设计。

（7）程序编写。

（8）Web 技术。

（9）项目管理。

六、数字图书馆员的教育、培训

近几年来，国内外有关数字图书馆的研究开发项目层出不穷，资金投入也很大。然而相对于数字图书馆建设的投入来说，对于数字图书馆相关的教育与培训在国内外都显得不足。迄今为止，尚没有一个大型的专事数字图书馆建设与使用者的大型教育或培训项目出现。尽管我们大家都认为合格的人才是建设数字图书馆的必要条件，但不可否认的事实是，对数字图书馆员队伍的建设，无论从投入与实践来看都是滞后的。建设一支合格的数字图书馆员的队伍，最主要的手段就是教育与培训。

（一）教育与培训的不同

教育与培训虽然都是提高人员知识与能力的主要方法与手段，但是这两者之间还是有着不同的侧重。通常而言教育侧重的是系统的理论知识、概念与方法，以及工作中可能应用到的工具与解决问题的方法，教育一般不针对具体的工作流程的工作技能知识。教育通常是在各类院校中完成，有完整的体系、理论与方法，这一完整的体系也构成了一个专业的职业内涵。培训通常是指经验的传授，或者是针对某一工作任务的具体的技能。通常情况下，经过教育体系培养的专业人士在正式踏上工作岗位时都应经过一定的培训，才能真正适应工作任务的需求。这一点，图书馆专业是如此，其他专业也大抵如此。

从教育与培训的不同来看，可以看出教育占有着更为重要的地位。这一点不仅仅是因为教育内涵支撑起了一个专业的职业，同时也因为教育提供了专业人士掌握自己专业的基本概念与理论，解决问题的方法等等，这一点比起专注于专门的一种工作技能更为重要。在数字图书馆的建设与运作中，由于发展迅速，新技术层出不穷，各种工作所需的技能本身变化很大，没有人可以预知在未来的某一项工作中我们会需要什么技能。因此对于基本理论与方法的掌握，独立学习与解决新的技术问题的能力等等就显示得尤为重要。同时，对于基础理论与背景知识的掌握，也是完成一般培训课程的必要条件。当然，在数字图书馆员的培养中，教育与培训都能够提供有价值的知识与技能，两者是缺一不可的。关键是要在两者之间找到一种平衡，使数字图书馆员在拥有作为一个专业职业所应具有的核心能力与竞争力之外，也能够适应工作中不断变化的各种技能需求。

（二）教育与培训的方式与内容

1. 教育与培训的形式

教育与培训可以有多种形式。有人提出图书馆信息人才的培养大致可以采取以下两种途径：一是由图书馆自行培养。可采用的方法包括建立人才培训中心；根据实际需求分期分批进行轮训；有条件的单位可以设立硕士、博士点，培养高级信息人才。另一种人才培养的方式则是社会协助培养。可采用的方法包括改革现有的图书馆学情报学高等教育内容，重组与开设新的课程以培养出符合信息时代需求的高级信息专业人才；利用高校优势，加大函授力度；发挥情报所传统的人才优势，为图书馆界培养人才；与国外教育机构或公司合作建立人才培训中心。这些建议对于数字图书馆人才建设的途径也有着相当的参考价值。

从培训的形式上来讲，可以在培训技术手段上予以加强，比如，可以利用网络教育手段开发数字图书馆培训教程，这些教程可以放到广域网，也可以放到局域网上，使员工可以根据自己的需要与时间做到随时随地的学习。同时由于这样的培训往往涉及一些相关技术内容，在网络环境下的学习使员工更能身体力行，效果更好。其次培训方式可以更多样化，培训的外延可以扩展。比如鼓励技术人员参加各种 IT 的展示会及培训课程。因为由各类公司举办的产品演示及培训往往是了解最先进技术与产品的最好的渠道。也可邀请各个相关企业来做现场的演示与培训也不失为技术培训的一个很好的方法。其他诸如鼓励员工参加各种学术交流的会议，与国内同行加强观念与技术的交流，也能使员工的知识与能力在短期内得到提升。此外，数字图书馆的相关课题与技术往往走在信息技术发展的最前沿，要想掌握最新的理论技术与动态，最好的方法是走出国门与国外同行进行交流。在条件许可的情况下，选送骨干员工出国参加数字图书馆短期或长期培训，可以接触到国外最新的数字图书馆观念与技术，也会在交流的基础上带来国际合作的可能性。

2. 教育与培训的途径

从另一个角度来看，数字图书馆员的培养无非是通过教育与培训两种途径。从教育来说，我们的高等教育体系是主力军，担负着培养数字图书馆员及相关高级人才的主要任务。而从培训来说，则用人单位，也就是我们的图书馆单位担负着主要任务。对于培训而言，不管采用何种方式，首要的一点要保证规划与投入。有了规划，人才的培训机制才能得以建立，培训工作才能长治久安。而投入则是上述工作的必要的资金保证。在这一方面，我们有很多单位做得很不够，有些单位根本没有相应的投入计划与经费列支，有的单位有相关的经费列支却得不到落实，规划中的教育培训经费被挪用是常有的事。其实，对一个组织来讲，对员工的教育培训往往能得到很好的回报，这是一笔很好的投资。同时这样的投入对员工的个人发展也有着很大的好处，最后，就形成了单位与个人双赢的局面，对于这一点应有充分的认识，这样才会在投入上加大力度，落到实处。

3. 教育与培训的内容

数字图书馆员的教育的主要任务应由高等院校承担，但怎样的教育模式与内容才能培养出合格的数字图书馆员呢？这个问题在国内外都处于摸索阶段。由于客观环境的变化，我国的图书馆学情报学教育本身处于一种变革时期，原先的面向单一图书馆学情报学专业能力培养的模式正在打破。有人提出，当今的图书馆学情报学专业因立足于更大的培养综合性信息人才的层面上，课程内容应以一个核心（信息管理专业知识课程）、三个支撑点（外语、计算机、管理）、若干专业方向为基本内容，这里的若干专业方向则是针对应用方向的不同而分别做出专业选择。类似地，也有人提出以基础课系列、核心课系列、应用分支系列的结构作为信息人才教育的基本结构。这些提议都提出了很好的教育内容的结构安排，我们可以将数字图书馆员的培养视为众多信息人才需求中的一个专业方向，对于这样的专业方向应该安排一些怎样的教学内容，这一点国内的高等教育体系对此所作的探讨与努力就显得有些不足。包括北美在内的世界上许多地区与国家，都开展了数字图书馆相关的教学尝试。这其中有各种专门的短训班及高等院校的硕士与学士专业课程。1999年两位美国学者在考察了世界上20所提供数字图书馆课程的大学的教育内容之后，提出了如下的数字图书馆课程与教学内容建议。

（三）自我学习

在前文中我们讲到数字图书馆员应有的素质与能力时，我们提到的很重要的一条就是自我学习的能力。尽管说在数字图书馆员的培养过程中，较为正式的教育与培训占很大的比重，但自我学习也不能忽视。由于数字图书馆本身处于一个不断发展的过程中，其相关的知识与技能也一直在发展变化，正规的教育课程由于其本身的建设周期限制，通常总要落后于这一行业发展的现实。因此，自我学习的能力对于数字图书馆员的自身知识与技能的提高就显得更为重要。此外，工作中的实际技能的锻炼与经验的积累，也是需要个人自学习能力作为一个保障。

从传统图书馆员的职业角色来看，必须要通过继续教育来实现自身的转型，这样才能使我们在今后的社会发展、图书馆行业的发展过程中继续找到自己的位置。微软图书馆馆长的话充分验证了这一点，他说："就业风险与商业竞争要求我们注重人员的培训与发展。我们不仅要与时代的要求同步，而且要在工作基准不断提高的情况下走在前面。只有通过培训才能实现这个目标。"数字图书馆的出现，对于传统的图书馆员来说，是挑战也是机遇。所以我们要认清形势，强化职业的风险意识。从自我学习的角度来说，我们认为主要是两个方面，一个是自身的自学能力，另一个则是自己要学习的动力。后者强调要自己舍得投入进行教育与培训方面的投资，使得在传统体制思维下的要为学变为我要学。实际上，从今后的社会变革与个人的职业发展来看，教育是一个很好的投资。这不仅对一个组织而言，对于个人也是如此。举例来讲，国外高等教育体系中，许多的专业都有高额的奖学金与各类补贴，但是在诸如法律、医学、工商管理等专业中却鲜有这样的情况，这是因为这些专业学生毕业之后往往能找到薪水很高的工作，因此学生的学费投入实际上就是一种最好的个人投资，这些专业也就能吸引大量的学生前来学习，而不用依赖奖学金等各种手段。

（四）数字图书馆员对用户的培训

除了对馆员自身的培训之外，数字图书馆也不能忽视对用户的培训。因为数字图书馆是一个全新的架构，用户对这一新事物必然有一个熟悉与掌握的过程。在计算机平台与网络环境下，与传统的图书馆工作人员一样，对于这些新技术与新环境，有很多的用户对此缺乏必要的专业知识与使用经验，一定的帮助和训练是十分必要的。同时，在网络平台环境中，数字图书馆可能相对缺乏人与人（用户与图书馆员）之间的直接交流，如何在网络环境下寻求帮助及掌握进行交流的技巧对于用户而言就是十分重要的必备知识技能。我们要知道数字图书馆的最终目的是要让用户来使用，而不是为了研究或者显示开发建设者的技巧，实际上，只有让用户学会使用数字图书馆，利用数字图书馆，进而产生直接或间接的经济效益或社会效益，投资建设数字图书馆的资金才不会白费。因此对用户的培训也是建设数字图书馆过程中的一个重要环节。

与传统数字图书馆不同的是，数字图书馆更为强调的是个性化的服务，强调与用户的交互作用。在这样的环境中，用户在某种意义上来说也对数字图书馆的建设与发展做出自己的贡献。数字图书馆的使用效果与发展与用户的使用技能及创造力成正比，用户如能得到充分有效的训练也就是对数字图书馆的发展与利用打好了基础。此外，传统图书馆担负着一定的教育职能，数字图书馆同样也具有责无旁贷的相同职能，利用数字图书馆的多媒体特征，网络手段，在用户的教育方面数字图书馆相比传统图书馆有着与生俱来的优势。利用数字图书馆的资源与技术条件来对用户进行教育培训将是数字图书馆的一个重要任务，而教育培训的内容不仅仅限于帮助用户使用数字图书馆。

因此对用户的培训工作一定要纳入整个数字图书馆的工作计划中，这样才能使用户的培训工作受到重视，进而有条不紊地进行。对用户的教育培训手段可以利用数字图书馆本身多媒体及网络环境的优势，采用在线或远程的方式，也可以利用各种的帮助手段使用户在使用中学习。当然，在用户的培训中，我们也不能偏废传统的培训与教学手段，以使一部分对新技术并不熟悉的用户熟悉与掌握新的使用方法与网络环境。

七、人才外包与合作

人才外包，就是将数字图书馆中对部分人力资源的需求委托给馆外有条件的单位或个人解决。人才或者说是人力资源的外包其根据目的在于提高人力资源利用的效果与效率，减少数字图书馆的建设与运作成本，提高数字图书馆的建设与服务水准。

数字图书馆的主要任务是满足用户对专业领域的特定的知识或信息需求。从这样的工作内容来看，大多数的工作任务都需要三方面专家的配合：专业领域的行业专家、数字图书馆员、技术专家。从这三种人员构成来看，数字图书馆员是数字图书馆的人力资源主体，而行业专家与技术专家在图书馆或数字图书馆中，永远都会处于一种不足的状态，这是图书馆本身的性质与条件所决定的。因此，对于行业专家与技术人员的人力资源需求就可以利用外包的形式来进行解决。从技术专家来说，数字图书馆的建设涉及许多高技术的内容，需要这方面的专家或熟练的高手，这些对于一般的图书馆来讲，常备这样的人力资源是不现实的，也是他们负担不起的。这就可以利用外包的方法来加以解决。

除了技术人才以外，数字图书馆建设中不可缺少的法律专业人士往往也采用外聘的方式来加以解决。对于数字图书馆建设的规划及技术顾问小组，以及市场咨询等等专业人者需求，也都可以利用外脑来加以解决。采用人才外包的方式，提高了图书馆的专业水准，提高了人才资源的利用效率，也使得图书馆可以更专注于自身数字图书馆员队伍的建设，降低了管理的复杂程度。同时对于数字图书馆建设中的一些资源建设，或传统资源数字化中的简单的初级加工的部分也可以外包，这样能降低成本，提升本馆的人力资源利用率。

除了简单的外包之外，合作也是一条利用外脑的有效途径。合作同样也弥补了数字图书馆建设与运作中人才的不足，充分发挥整个社会人才配置的效率。数字图书馆从其本质特点上来讲，从来就不是一个图书馆能够建成的，因此，在数字图书馆的建设与运作中，合作是其必然的趋势。在中国的数字图书馆建设中，也有许多合作建设与研究的实例，如中国试验数字图书馆计划，中关村数字图书馆群等等。

有一些高校与科研院所具有很强的技术与科研能力，但却少有一些实用性强的课题与实验基地，而数字图书馆的建设正好为此提供了一块很好的土壤。通过与这样的单位进行合作，事实上也可以带动本单位一批数字图书馆建设管理与技术人才的成长。除了合作课题或项目以外，通过设立开放实验室或博士后工作站的做法，可以使图书馆的数字图书馆建设跻身数字图书馆研究最尖端的科技领域，甚至可以在实践过程中为图书馆培养一批研究与技术骨干人才。

第二节　数字图书馆的人力资源管理

一、数字图书馆的人力资源需求特点

（一）数字图书馆人力资源的智能结构特点

泛在信息环境和网络环境下的数字图书馆属于高新技术产业，要面临着信息行业的激烈竞争，特色数据库、特色服务方式是数字图书馆的主要竞争项目，但归根结底，数字图书馆的竞争还是人才的竞争。没有优秀的人力资源作为后盾，数字图书馆就变成了一个完全的"虚拟"图书馆，不可能提供优质、高效的信息服务。由于数字图书馆是智力密集型产业，因此，对人才的知识结构和智能结构要求较高，同时激烈的竞争环境也使数字图书馆成为优秀的、高层次人才的聚集地。

数字图书馆所需的人力资源由以下几种类型构成：

1. 组织管理型人才

数字图书馆作为一个信息服务机构，本身参与市场竞争，除进行内部资源管理外，还进行着网络信息资源管理。在网络环境中做出正确决策要相对困难得多，数字图书馆中的战略层管理人才也就应运而生了。且数字图书馆中的战略层管理型人才，在前述两个层面上同时发挥着重要的作用。

2. 数字图书馆员

所谓数字图书馆员是指在网络环境下对文献、视频、音频、文本等载体信息进行收集、加工并提供各种数字化信息于网络，利用 E-mail，Lists ever、News groups、Telnet、BBS等电子化手段为用户开展信息服务的人员。主要包括信息采集人员、信息加工人员、产品设计人员、信息检索与咨询人员等。数字图书馆员属于复合型人才，他们都要掌握图书情报知识、学科专业知识、计算机软件知识、计算机网络知识。数字图书馆员不仅掌握传统图书馆的技术方法外，还要掌握信息化环境下数字图书馆运行所需的技术，如数字化技术、信息存贮技术、数据库技术、网络通信技术、超文本技术、多媒体技术、超媒体技术。

3.IT 技术人才

数字图书馆管理与服务的主要内容是数字化资源，离开了技术人才就不能完成信息的收集、加工与输出的数字化，而 IT 技术人才则是数字图书馆存在的前提，其包括建设网站所需的软件开发人员、网站构建人员、数据库开发人员、网站美工等。

4. 市场营销人才

数字图书馆的产品具有商品的功能，因此数字图书馆除了文献保存的目标外，还产生了经济效益的目标。要实现经济效益的目标，数字图书馆就应该树立营销观念，将其具有特色的信息产品、咨询服务（专业技术咨询、调查报告、研究报告）等推销出去。数字图书馆市场营销员工主要有：市场策划、产品销售技术支持人员、产品经理、产品销售人员等。

5. 法律人才

数字图书馆对法律人才的需求基于两个方面的原因：一是知识产权（主要是著作权）方面的法律问题，需要法律人才进行研究并在实践中予以解决；二是商务与合同方面的法律问题需法律人才来处理。数字图书馆的建设需要相当多的设备、软件购买、协作开发、对外承包，这些都需要法律人才的支持。此外，数字图书馆作为信息服务机构在提供服务的过程中，也会涉及与用户之间的利益冲突问题，这同样需要法律方面的人才。

（二）数字图书馆人力资源层次与素质特点

1. 数字图书馆人力资源需求的层次特点

数字图书馆对高学历、高职称人才的需要占很大的比例，人力资源的学历层次需求高，包括中专、大专、本科、硕士、博士等。尤其是对从事软件开发、信息生产、信息咨询等创造性工作的人才的需求上，以学术水平较高、研究能力较强的研究型人才为主。

2. 数字图书馆人力资源需求的素质特点

①要求管理型人才应具备以下素质：具有心理学、管理学、图书情报学素质，以便于进行数字图书馆实体内部的人力资源管理、制度建设、部门设置和日常管理工作；具备扎实的图书情报学理论基础和业务能力、现代信息网络技术。

②数字图书馆要求数字图书馆员应该具备以下三方面的素质

a. 信息素质（Information Literacy）又称"信息能力""信息素养"，包括：具有敏感的信息意识；具有非凡的信息能力，即能运用信息工具对所掌握的信息进行再创造，产生新的信息，甚至新的知识能力；遵循网络道德规范和信息法律法规。

b. 技术与语言素质对数字图书馆相关的一些网络检索技术、信息存储技术、网络维护技术、数据库开发技术及多媒体技术应当有所了解并且对其中 1-2 项较为精通。具备一定的语言素质。

c. 自我学习能力在知识经济时代，现有的知识结构只能是数字图书馆员自我学习的基础和平台。如果不具备自我学习能力，现有的知识很快会老化，也就会失去继续学习的平台。因此自我学习能力是掌握新知识，适应数字图书馆发展需要的一种不可或缺的素质。

③IT 人才所应具备的素质

a. 熟练掌握软件工程的理论与方法，技术水平熟练，熟悉开发标准、规范与流程，以及系统方面的能力。

b. 有团队合作精神软件开发需要协调不同类型、不同性格的员工共同奋斗，需要有团队合作精神。

c. 有长远的目光，能理解、跟踪国内外的相关技术标准。

④市场营销人才应具备的素质

a. 市场营销的知识。

b. 数字图书馆的产品、服务方面的知识。

c. 善于沟通。

⑤法律人才应具备的素质

a. 法律知识尤其是著作权方面的法律知识。

b. 商务谈判能力。

c. 拟写商务合同的能力。

二、数字图书馆的人力资源使用特点

数字图书馆的员工以本科学历层次以上为主，大都拥有较高的学历、具有渊博的学识和出众的才华。数字图书馆人力资源的不可替代性增强；其工作具有很高的创造性、过程难于监控。进而使得数字图书馆员工具有很强的自主意识、鲜明的价值观、性情清高、流动意愿强。所以在对他们的使用上，必须注意以下几点。

（一）充分的信任

数字图书馆的知识型员工拥有某种意义上的创造力，加之他们的劳动比较特殊，不愿意接受上司严格的程序化指示和控制，在使用中希望得到充分的信任，自我引导、自我尝试。

（二）不断给予新任务和足够的自由发挥空间

同传统图书馆员相比，数字图书馆员工有一种展示自己才能的强烈的欲望，他们从事创造性的脑力劳动，不仅仅是为了工资报酬，而是为了发挥自己的专长、成就事业、实现自己的价值。因此，他们热衷于有一定挑战性的工作，不断接受新的任务。

（三）充分的尊重

数字图书馆组织结构的明显特点是扁平化，并广泛采用基于任务导向的团队化工作方式。因此，在数字图书馆中职位和职别并不是决定权威和影响力的重要因素。技能的特殊化和重要性，可以决定员工在数字图书馆的权威和影响力，促使得员工容易产生清高的特性，藐视行政权威。因此，单纯依靠权利来控制这样的员工将是徒劳的，必须给予充分的尊重。

（四）重视高层次人才的表现

数字图书馆中最稀缺、最重要、最有价值的资源是表现在员工头脑中的知识、技能和不断创新的能力。这种无形资源天然地归属于员工本身，是数字图书馆的行政领导者们所无法绝对控制的。由于数字图书馆中技术的不断创新和信息产业其他各类组织之间的人才争夺战，高层次的人才呈现出很大的流动性。因此，数字图书馆应将高层次人才的表现作为人力资源管理工作状态的"晴雨表"和"消息树"。以他们近期工作状态或一定时期内的流失情况，作为分析、判断数字图书馆人力资源管理的关键性指标与重要依据。

三、数字图书馆对人力资源管理的要求

数字图书馆人力资源管理的要求包含两层含义：一是数字图书馆对人力资源管理的要求；二是数字图书馆人力资源对数字图书馆人力资源管理的要求。

从第一层含义讲：众所周知，在知识经济时代，人才是组织赢得竞争的支点。盈利性目标对数字图书馆的要求是：在产品、服务的竞争中取得优势，从而赢得利润。要做到这一点就必须先赢得人力资源的竞争优势。而人力资源的竞争优势恰恰是数字图书馆人力资源管理的竞争优势。因此，数字图书馆对人力资源管理的要求：一是要达到人力资源功能供需平衡，二是要使人力资源功能与成本之比（即人力资源价值）最大化。从第二层含义讲，数字图书馆人力资源的需求特点与使用特点，要求人力资源管理工作须：

——在人力资源管理过程中，始终贯彻权变的管理思想；

——领导的方法、方式适合数字图书馆人力资源的使用特点；

——薪酬福利管理制度、考核制度适合数字图书馆人力资源的使用特点。

一方面，这两层含义互相协调、依托才能做好数字图书馆人力资源的管理工作；另一方面，数字图书馆对人力资源管理工作的要求必须根据数字图书馆的目标、环境和数字图书馆人力资源的需求及使用特点三者来提出。

（一）实现数字图书馆人力资源功能供需平衡之目的

在论述数字图书馆人力资源管理的目的之前，我们先引入一个重要的概念——"价值工程"，它是分析数字图书馆人力资源管理要求及数字图书馆人力资源管理优化的主要工具。

1. 数字图书馆人力资源"功能说"的由来

①"价值工程"介绍：第二次世界大战期间，通用电气公司的设计工程师迈尔斯从原材料相互代用的事件中得到启发，悟出了产品的本质是"功能"。迈尔斯和其他专门从事价值分析的人员，在后来的工作中创造的一系列重大成果，为在更多的产业界进行价值分析产生了重要影响。

价值工程，是以最低的寿命周期成本，可靠地实现必要功能，为提高产品或作业的价值而着重于功能研究的有组织活动。价值工程学说中的价值，与政治经济学中一般所说的价值不同。政治经济学里的"价值"是人类一般劳动的凝结，或者说是物化了的人类劳动。价值工程中的"价值"是为了衡量产品功能与其所花费用的效果如何而提出来的概念。因此，"价值"则表明产品（作业或服务）中所含功能的数量或可满足服务用户的程度与所支付费用之间的量值关系。可引用文献中的公式表示如下：

$$价值（V）= 功能（F）/ 成本（C）（式 -1）$$

②在数字图书馆人力资源管理中引入"价值工程"的理论：从数字图书馆输出输入关系图中可以得到如下结论。数字图书馆输入端所需的人力资源并不是人的本身，而是人所发挥的功能，这种需求有以下三个方面的特点。

第一，数字图书馆发展所最终需要的是人力资源所实际发挥出来的实际效用，也就是说人力资源的实际功能而不是理论功能（如：学历、资历、资格等）。人力资源的理论功能需要经过"转化"（从组织角度看）或"发挥"（从人力资源角度看）环节才能成为数字图书馆需要的实际功能，且：

$$人力资源实际功能 =f（人力资源理论功能，转化 / 发挥）（式 -2）$$

这里的实际功能，对于不同的人力资源而言具有不同的含义：对于数字图书馆的个体、群体而言，表现为通过创造性地解决具体的显示问题时形成的绩效、产品、成果等；对于数字图书馆的泛群体而言，实际功能为泛群体内的各个个体性、群体性资源的实际功能的整体体现，是一个笼统的、复合性的"概念"。

数字图书馆所需要的实际功能往往并不限于单一方面，而通常是一个由多种所需要的实际功能构成的"实际功能谱"，而且"实际功能谱"内的各功能间的关系也各不相同。

第二，数字图书馆发展对人力资源实际功能的需求是随时间的变化而调整、发展的。

数字图书馆所需要的实际功能在时间上便构成了一个"实际功能谱序列"。当数字图书馆所需要的实际功能具有多个层次时，则该数字图书馆在不同时间下所需要的实际功能便形成了一个多层次的实际功能谱序列结构。数字图书馆所需要的实际功能谱序列结构，也是随着数字图书馆的发展而发展、因时间的推移而变化的。

第三，数字图书馆的发展对人力资源实际功能的需求是相对的。数字图书馆此时的需求会不同于彼时的需求；此数字图书馆的需求会不同于彼数字图书馆的需求；因此人力资源的实际功能是不是"必要功能"，都是相对于具体的数字图书馆及其具体的发展阶段而言的。

在引入数字图书馆人力资源"功能说"之后，我们再接着上文分析数字图书馆人力资源的管理工作。

2. 数字图书馆人力资源管理的目的

数字图书馆人力资源功能供需平衡是数字图书馆人力资源管理的最终目的。供需平衡可分为即期平衡和中期、长期平衡三种形式：数字图书馆人力资源的中期平衡通过人力资源规划可以达到；数字图书馆人力资源长期平衡通过人力资源战略规划来实现；通过数字图书馆人力资源管理的日常工作可以使数字图书馆人力资源功能达到即期平衡。

数字图书馆人力资源功能的实现包括三个途径与环节，它们分别是人力资源功能的移动、提升与转化。其关系为：提升、移动服务于转化，而转化服务于数字图书馆的需要。

3. 数字图书馆人力资源功能的移动

①数字图书馆人力资源功能移动概述：人力资源功能的移动是指数字图书馆人才本身具有的功能改变其在空间上的原有位置。

根据数字图书馆中人力资源功能移动的范围可划分内部移动和内—外部的移动。内部移动有：晋升、轮岗/转岗、下调三种基本形式。内——外移动有：招聘（吸纳）、跳槽（异动）、退出（退休、辞退）三种主要形式。

根据功能移动的程度可划分为：刚性的功能移动和柔性的功能移动。在组织的管理中可以根据岗位所需功能的实际情况，合理使用刚性和柔性的功能移动。

根据功能移动发起主体的不同分为由组织行为发起的人力资源功能的配置和由人才个体行为发起的异动。由人才个体行为发起的异动又可分为内部异动和外部异动。内部异动如人才个体主动提出岗位调换；外部异动如人才个体跳槽现象。在赢利性数字图书馆的人力资源管理过程中，核心性人才的外部异动，将可能使组织遭遇较大的风险。

②数字图书馆人力资源的吸纳：数字图书馆在组建之初、规模扩大、岗位空缺、人员不称职、机构调整或为使管理更具活力时，需要对外招聘员工。因此，人力资源的吸纳是数字图书馆其他人力资源管理活动的基础。

数字图书馆在招聘员工时，职位分析可以为我们提供职位需求的功能谱。有些职位如技术发展、网络、信息咨询需要较强的专业知识能力，有些职位如产品销售、服务人员需要有好的语言表达能力。

招聘新员工的方式、方法有很多种，在此不再赘述。下文主要从人力资源功能与成本关系出发，讨论数字图书馆人力资源的吸纳。

③"功能说"对人力资源吸纳的启示：盈利性数字图书馆的导向决定了它的一切行为必须考虑成本，也包括招聘、使用人才的成本。数字图书馆输入的是人才的实际功能，根据价值工程理论，相同的实际功能则成本越小，为组织创造的价值比率越高；而实际功能高、成本小的不利后果是：对社会、人才本身来讲是浪费。其功能会随着时间的推移，引起被招聘人才的异动（跳槽），数字图书馆还需要重新招聘新员工，这样会增大此职位的招聘、培训成本；招聘人才的实际功能低、成本高则是招聘的失败。

因此，数字图书馆在选拔人才时，应重能力、重适用。在选拔过程中，应做到不一定选聘功能最好的人才，但一定要选择功能最适用的。"不一定选聘最好的"有两层意思：一是不片面追求名牌大学、高学历、高学位、高分数等理论功能上的高标准；二是如果人才的能够发挥最好的功能，就应选聘。

4. 数字图书馆人力资源理论功能的提升

数字图书馆人力资源理论功能的提升，是通过一定的方式或方法使人才增加自身的功能谱列，或将原有功能的层次进一步提高。人力资源功能提升可以通过以下方式来实现。

①培训：人力资源培训是指通过一定的措施，促使人才在知识、技能、能力和态度四个方面得到提高，以确保数字图书馆人力资源能够按照预期的标准或水平完成所承担或将要承担的工作和任务。数字图书馆人力资源的培训，强调的是帮助人力资源更好地完成现在承担的工作。其内涵有广义和狭义之分。狭义的人力资源培训是指人力资源的工作训练，是使人力资源"知其行"的过程。所谓"行"也就是特定岗位所要求的工作技能以及态度等方面。"知其行"也就是根据岗位要求掌握相关技能的过程。而广义上的人力资源培训包括训练和教育两个方面，不但要使人力资源"知其行"，而且要使人力资源"知其能"。"能"代表人力资源的潜在能力。"知其能"就是让人力资源充分发挥潜力以展示其才能的过程。

②使用中提升：在从事数字图书馆实际工作的过程中，提升人力资源的功能。主要包括干中学、压担子等。

③自我开发：数字图书馆的人才个体主动对自身的功能进行提升。数字图书馆人力资源提升的效果可以用迁移效度来衡量，提高迁移效度必须借助于人才的自我开发和一定的提升策略。

5. 数字图书馆人力资源功能的转化

数字图书馆人力资源的功能可以分为实部（发挥的实际功能）和虚部（没有发挥的理论功能），实部是人力资源为数字图书馆发挥的实际功能，转化是使人力资源的虚部尽可能地完全转变成为实部。而转化工作并非只是数字图书馆人力资源部门这一个部门的工作，而是所有和人力资源有关的部门、人员的工作。

数字图书馆人力资源功能的转化的结果有三种情况：理论功能＜实际功能；理论功能＝实际功能；理论功能＞实际功能。在数字图书馆人力资源理论功能向实际功能转化的过程中，人才可以通过积累经验，达到提升自身功能的效果，因此，人力资源功能转化会产生功能提升的副产品。

（二）实现数字图书馆人力资源价值与成本之比即功能最大化

盈利性数字图书馆的要求是产品低成本，避免高成本、低质量。同样对人力资源管理的要求也是如此，人力资源管理的三个部分移动、提升、转化都要做到在低成本或零成本的同时有好的效果。

（三）在管理过程中始终贯彻权变的管理思想

由于数字图书馆的员工多属于知识型员工，均具有突出的个性，因此在人力资源管理的过程中应始终贯彻权变思想，强调区别对待：一方面，对知识型员工管理的过程中，任何粗放式的"一视同仁"、简单化的"一刀切"和"平衡"，在本质上都是对高层次人才的轻视或嘲弄；另一方面，应随着人才个体的成长而随之不断地调整管理策略（如当某人才个体的层次明显提高后，应适时地调整其待遇、岗位以及参与、授权的范围、力度等等）。

（四）采用沟通型的数字图书馆领导模式

要在给予员工充分的信任、尊重的同时，给员工不断安排新任务并给他们足够的自由发挥空间。由于自身能力较强，清高便成为数字图书馆员工的普遍的性格特点，他们会不自觉地有藐视行政权威的表现。员工能力强还会造成流动性高，人才流失比例要比传统图书馆大很多倍。因此，对数字图书馆领导的要求都很高，不能再使用命令式的方式进行领导，而应使用沟通型的领导模式。

（五）采取分体系与层次的绩效管理和薪酬福利管理制度

数字图书馆员工的类型多，有组织管理型人才、数字图书馆员、IT技术人才、销售人才、法律人才等，还有普通的文职人员如：文秘、前台接待等，他们从事的工作类别、付出的劳动大不相同，因此，对他们进行绩效管理或发放薪酬时，应该遵循分体系、分层次的原则。

四、中美数字图书馆人力资源管理的现状

（一）美国数字图书馆人力资源管理概述

美国是世界上最早开始研究、开发和建设数字图书馆的国家，也是全世界数字图书馆建设、管理水平最高、应用范围最广的国家。美国数字图书馆的研究和开发，主要是在国家统一规划的基础上，通过招投标的方式选择由科研力量雄厚的大学牵头，依托高校人才密集、技术开发的绝对优势，通过各学校各自优势，开展数字图书馆专项任务研究。因此，

在一些著名大学如：加州大学、斯坦福大学、伊利诺斯大学、密执安大学、麻省理工学院等高等学校的数字图书馆专家们，在研制数字化与虚拟图书馆系统方面取得了举世瞩目的重大成就。美国的数字图书馆十分重视人才资源的开发与利用，建立了较完整的人员结构、专业职务评聘、权益保障等方面的管理系统。

1. 美国数字图书馆的人员结构

美国数字图书馆的专业职务分工明确，等级严格。在等级上，一般有 5 个等级：

①见习馆员（Affiliate Librarian）。

②助理馆员（Assistant Librarian）。

③副馆员（Associate Librarian）。

④馆员（Librarian）。

⑤高级馆员（Senior Librarian）。

在职务上，有技术职务、功能专家和行政办事人员。技术职务有两种：学科专业人员（Subject Specialist）和媒介专业人员（Media Specialist）。前者担任某个学科的咨询服务，后者负责自动化设备、计算机网络等方面的工艺技术工作。

功能专家（Functional Specialist）主要指：媒体专家或者是在人力资源管理、财务管理或系统管理、保存等方面有某种特长的专家。并且设置了专家系列岗位，对应上述不同级别的数字图书馆员系列岗位。两类人员享受同样的待遇。

此外，还有行政办事人员（Clerical Staff），如秘书、会计、保安等。在所有的数字图书馆的员工当中，对馆员和高级馆员的要求较高。前者必须具有图书馆学或信息学专业的硕士学位，后者要有博士学位，都必须在图书馆从事专业工作 5 年以上，在馆藏建设、电子信息技术、咨询检索、规划设计、学术研究等方面取得一定的成就。见习馆员、助理馆员和副馆员是初中级专业职务，在馆员与高级馆员的指导下工作。

2. 美国数字图书馆的人力资源聘任机制

①严格的聘任程序：美国数字图书馆在招聘人员时都有严格、分工明确的聘任程序。具体有以下环节：人力资源管理人员组织招聘委员会，根据岗位需求的特点，拟出招聘条件交招聘委员会审查讨论；

· 规划招聘的岗位级别，招聘范围和广告投放的媒介与费用。

· 交上级主管部门审查。

· 向个人发放招聘广告，或聘请公司发放招聘广告。

· 向申请者致谢，告知已收到求职申请。

· 招聘委员会阅读求职申请与简历。

· 确定选择标准，并选出入围的初步人选。

· 向初步入选的申请人索要更详细的材料。

· 确定面试人选，安排面试日程。

·重新确认所有面试材料，同时向负责招聘的管理人员建议所招聘岗位的工资额度。

·给入选者发录用通知，整理招聘过程有关文档。

美国数字图书馆对各类聘用人员都要发给任命书，临时人员也不例外，如来馆进修或访问的人员发给 Visiting Appointment，利用课余时间在馆做钟点工的大学生发给 Adjunct Appointment 或 Part time Appointment，尽管任命书名目繁多，但都不能作为专业职务的资格证书。

对馆员与高级馆员的招聘更是慎重，程序颇多。应聘者提出申请时，需呈交硕士证书，在某个大学图书馆工作 5 年以上的证明材料，4 名推荐人的简介及地址，对馆方的要求等。人事部收到申请者的有关材料后，即寄去该馆编印的《应聘指南》（Staff Opportunities），书中详细介绍馆里各方面的情况以及招聘考试的有关参考资料等。通过专业职务评审委员会和馆员评议委员会审议，再由馆长代表、人事部工作人员和专家组成考核小组，前往应聘者所在地或单位调查了解，对应聘者进行面试。对应聘者的要求，除了图书馆学信息学等方面的专业知识与业务能力之外，还需具备较强的口头与书面表达能力，甚至还有一些生理与心理条件，如能够站立一整天，举起并传递 18 公斤的重物，回答有关的心理测试题等。

②灵活开放的招聘技巧：在当今职业市场竞争激烈的情况下，美国数字图书馆在招聘人员时，通常比较注重以下方面：

·清楚描述岗位所需要的胜任特征（知识、技能、经验），确保列出的人员素质要求灵活开放，能让更多的申请者入围；

·向所有员工阐明招聘的重要性和意义，并通过广告、人际推荐和个人接触方式举荐人才。

·宣传图书馆所属的机构、所拥有的人员、工作氛围和福利待遇，给申请人高工资、高回报的信号；

·在决策者之间快速传阅申请人的资料，尽快决策，给申请人高效率的印象；

·参加上级机构统一组织的招聘活动，请大学的教学人员共同参与招聘；

·在人才交流会上长期租一个席位，或到图书馆学院举办招聘会。

3. 美国数字图书馆的人力资源评价激励机制

①明确实施绩效评估的目的：美国数字图书馆对员工实行严格的绩效评估，并把评估的结果与薪资待遇联系起来。例如，斯坦福大学图书馆制定了工作人员绩效评估手册。

他们申明的评估目的是：

·通过对每位工作人员惯常表现的观察和记录，真实地评价他们的工作。

·用书面方式记载总结每位员工对图书馆所做贡献的程度。

·通过个人职业目标的描述，发挥集体智慧，规划图书馆的未来。

·明确职责、表现与报酬之间的对应关系。

②绩效评估的程序和重点：由每个部门主管决定考核的时间，考核评估周期一般为一年一次。自行决定考核用的文档和表格。然而，所有表格和文档必须包括的内容有：职位描述（尤其是当岗位名称或职位的内涵发生变化的时候，应该着重描述管理者对于该岗位的期待、员工对于该岗位未来机会的认识）；该岗位可能开展的具体工作；管理者和员工一致认同的对该项工作的考核指标。每次考核结束，所有被考核人都能得到一份独立的考核报告。考核的完整记录和文档也随之记入个人档案。

注重考核评估过程中的交流，考核评估过程中，考核人和被考核人之间至少要召开一次会议，以便员工能够和上级共同讨论他的工作表现，比如，哪些方面符合他所在岗位的基本要求，哪些方面还需改进。在整个评估过程中，上级和员工可以就工作职责、表现方式和目标不断沟通交流。

③强调对数字图书馆目标的贡献：每个员工必须描述自己对数字图书馆目标任务的贡献。评估者必须对员工的工作量、质量、创造性思想、技能等做出评估。对有些岗位还要求评价其组织沟通能力、判断力和独立处理问题的能力。

④对接受继续教育培训与研究活动的考核：数字图书馆员接受专业继续教育，参加行业内的学术活动，发表学术论文的数量等也要作为绩效评估的内容。

4. 美国数字图书馆的人才教育培养机制

结合实际需求制定专业教育培训计划在专业教育方面，美国图书馆做得较为出色的地方是把图书馆的需求与图书馆学信息学院或学会的课程体系联系起来。美国专门图书馆协会曾组织过一次大规模的调查，通过数字图书馆从业人员的广泛参与，找出 21 世纪从业人员应具备的基本特征和专业胜任特征。随后，通过调查大学图书馆学信息学院和学会、协会举办的培训课程，建立了课程培训目标与职业所需胜任特征之间的关联图表。使图书馆管理者明确工作人员所需要的那些胜任特征可以通过哪些课程的培训来获得，也使学院的教学培训体系更适应图书馆实际工作的要求。

学习制度通过岗位学习培训，培养具备特定岗位技能的人员，是英美图书馆界长期坚持的制度。例如，英国图书馆研究发展部曾为英国图书馆情报部门的高级管理者设计了由两门课程组成的培训计划。美国图书馆资源理事会 20 年来一直在执行类似的培训计划。

（二）我国数字图书馆人力资源管理的现状

我国数字图书馆的建设工作起步要晚于美国等发达国家。1997 年 7 月，"中国实验型数字式图书馆项目"由文化部向国家计委立项，由国家图书馆、上海图书馆等六家图书馆参与，该项目的实施是我国数字图书馆开始建设的标志。1998 年，我国数字图书馆建设开始升温。我国数字图书馆建设虽然起步晚，但发展速度快，有很多数字图书馆已经取得了一定的社会效益和经济效益。清楚地认识我国数字图书馆人力资源的现状，有助于做好数字图书馆的人力资源管理工作。

1. 我国数字图书馆人力资源现实状况复杂且结构性短缺

我国数字图书馆的建设除少数数字图书馆（如超星、书生之家等）是民营企业介入建设外，大都依托传统图书馆的资源、人才优势，如：中国数字图书馆公司是依托北京图书馆而建立的，上海、深圳的数字图书馆也都是依托其同级的传统图书馆建立的。因此数字图书馆的人才、体制与传统图书馆纠缠在一起，致使得数字图书馆人力资源管理所面临的问题非常复杂。

目前，从事图书馆工作的人员虽然较多，但真正能适应数字图书馆发展需要的人才并不多。传统图书馆中从事分类、编目、计算机软硬件维护及操作的这小部分员工经过一定的培训后，可以适应数字图书馆发展的需要；但其中大部分员工的可替代性较大，不能适应数字图书馆的发展需求。

再者，由于数字图书馆的建设和发展历史较短，数字图书馆的专业人才普遍缺乏，高等学校培育出的数字图书馆人才根本不能满足数字图书馆建设的需要。尤其是在一些关键岗位、重要岗位上，更是缺乏合适人选。现阶段，我国数字图书馆的建设中除了缺乏数字图书馆员外，也缺乏数字图书馆高级管理者等复合型人才。

而且，我国的数字图书馆建设尚处于初级阶段，产生经济效益的项目一般是提供原始的数字化信息（类同传统图书馆的一次性文献）。从未来的发展趋势看，由数字图书馆员对数字资源进行加工后提供信息咨询（即筛选"信息"成为"知识"）的工作还没有真正开展起来，然而它又是数字图书馆业务增值的重要部分，是未来各数字图书馆之间或面向其他信息行业竞争的主要项目。信息咨询工作对人才有较高的要求，如信息检索与利用、计算机、专业学科知识、系统的分析与综合能力、洞察能力等。目前，我国数字图书馆的人力资源存在着严重的结构性短缺现象，若不能及时地改变这种状况，人才的结构性短缺必将会阻碍我国数字图书馆的进一步发展，使得数字图书馆只能停留在提供原始信息的位置。

2. 数字图书馆人力资源管理观念落后

数字图书馆是一个人力资源投入产出的非线性黑箱，人力资源个体功能必须经过转换才能体现其所具有的价值。数字图书馆人力资源的全部价值最终决定于数字图书馆内部的人力资源管理与整合的结果。

在我国现阶段数字图书馆人力资源管理中，"人本主义"仍然还只停留在表面的认识阶段，要真正贯彻于管理实践尚需要人们的不断努力。造成这种现象的主要原因有以下几个方面。其一，我国是人口大国，人力资源极其丰富，人力资源质量的两极化特点明显，平均的质量水平较为低下。传统图书馆工作的可替代性较大，这给我们造成了"找人容易，随便一个人便可从事图书馆工作"的表面现象。其二，在传统图书馆中，图书、设备等图书馆组成要素的作用环境是确定的，效率也是线性的；而人力资源要素的作用又是不显著的。因此投资于人力资源要素的风险比投资图书、设备要大得多，对于传统图书馆来说，其工作的中心更偏重于确定的、有形的物质要素。而数字图书馆的产生使"人本主义"的管理原则从认识走进现实。因为，只有在数字图书馆中，人们对人的价值的感受才第一次真正超过了对物质要素（特别是图书、设备）的感受。

美国的数字图书馆工程中并没有多少使人炫目的先进生产设备，而是有很多令人景仰的数字图书馆专家。给数字图书馆创造价值的不是设备而是优秀的人力资源要素。由于网络的畅通，信息传播速度的加快，数字图书馆的竞争优势已经转变为依数字图书馆技术专家在信息内容组织、数字化加工、图书馆馆藏数据库服务、数字图书馆技术总体解决方案、数字图书馆资源库建设与应用服务等方面的经验与专业素养。

我们在运用管理的手段时，应以价值为导向。传统图书馆收藏的各种类型的"载体"，决定了其管理的原则必然是以"物质"为中心的；而数字图书馆收藏的"信息"，决定了人力资源特别是数字图书馆员、IT 人员在图书馆服务增值中的特殊作用与地位，致使得以"人"为本成为数字图书馆管理必然的理性选择。

3. 缺乏有效且全面的人力资源功能转化手段和机制

①缺乏有效的管理手段：数字图书馆人力资源的管理目的，是实现数字图书馆内部人力资源功能的供需平衡。要达到这一目标，必须要有必要的、有效的管理手段。目前，我国数字图书馆的管理还缺乏较为完善的人力资源功能移动、提升、转化的管理模式。

②缺乏有效的薪酬福利管理：从大环境看，由于我国人力资源要素市场的分割性和残缺性，未能形成一个标准范式的薪酬福利标准和薪酬福利制度。同时也由于我国数字图书馆员工与国际比较的低收入水平，使得薪酬福利制度的安排在我国数字图书馆具有很强的激励色彩。因为工资具有地位象征的意义，尤其是对于"高薪"阶层而言，使它具有了主观感觉上的效应。如果薪酬福利水平过低，就会使灰色收入成为数字图书馆员工收入中的重要部分。

员工的灰色收入是以数字图书馆的很大代价换得的"蝇头小利"；即使是"合法合理"的所得，至少也是数字图书馆应有创造力的严重流失。

由于传统图书馆的做法所形成的惯例，我国的图书馆报酬体系是货币与实物相结合的形式，这也在不同程度上影响了数字图书馆。当实物形式作为制度化的手段（福利）进入员工的薪酬福利系统后会产生两种负面效应，一是会滋生平均主义势头和心态，二是钝化激励手段的效用。比如住房，当作为福利分配手段后，就必然走向平均主义，即使员工人人都有，也会产生不公平的感觉，进而使得激励走向负向。

在我国，传统图书馆的工资政策基本上是"因岗设酬、因职付酬、因职称给工资"，它和我国现实的经济、政治背景有复杂的关系。对于数字图书馆而言，如何利用宏观政策背景以及信息市场环境，设计出适合的工资和激励机制已经成为其发展的一个重点。

③缺乏完善的激励约束机制：数字图书馆人才的个性特点和工作特点，决定了数字图书馆的人力资源管理必须在有效的激励约束机制下进行。激励在数字图书馆人才管理中实

质上是员工与图书馆的一种契约。激励契约是指委托人采用一种激励机制以诱使代理人按照委托人意愿行事的一种条款。制定激励契约，意味着数字图书馆将较高的工资支付给了具有较高效率的员工，并由此吸引一批能力较强的员工。约束机制是防止由于人才风险给数字图书馆造成的损失。在人才管理的过程，既要利用有效的手段进行激励，又要对其进行必要的约束，两者是辩证统一的关系。随着人才对数字图书馆的作用越来越重要，人才的风险也就越来越大。在激发或培养员工的需求、欲望和工作动机，让他们保持高昂的情绪和持续的积极状态，为实现组织的目标充分发挥最大的潜力的同时，也要注意建立相应、有力的约束机制，避免由于人才的不忠或流失给数字图书馆造成的损失。

④没有建立有利于人力资源功能转化的机制：领导者（管理人员）的特征、团体因素、下级的特点、组织因素共同决定领导者的行为模式：领导者的行为，不仅会影响到员工的满足度，而且还将影响到员工的激励深度，进而影响到员工功能的转化程度。不同的领导行为会导致不同的员工行为，进而产生不同的人力资源功能转化结果。领导者行为的影响力还有以下规律：员工对其直接领导者的行为感受更为深刻；领导者的位置越高，影响面越广。

员工晋升机制：员工晋升是数字图书馆每个员工的愿望。但在提拔员工时，应清醒地认识到，被提拔的员工本身提升的到底是何功能，是业务功能还是领导功能？由于受传统文化"学而优则仕"的影响，数字图书馆的一些业务好手被提拔为领导者，就是因为我们没有看到被提拔者提升的功能到底为何功能。

重视人才使用中的"姆佩巴效应"：在我国，数字图书馆的领导者还有"以职位为大"的观念，对研发、技术等高层次人才的重视程度，达不到他们的要求，进而造成高层次人才的流失，阻碍了我国数字图书馆发展。（姆佩巴效应，指人才对负面环境的敏感度大于正面环境，同时，高层次人才对负面环境的反应高于低层次人才。）

美国是世界上最早开始研究、开发和建设数字图书馆的国家，也是全世界数字图书馆建设、管理水平最高的国家。美国数字图书馆人力资源的聘任机制、评价激励、人才培养机制都做得比较到位，有很多值得我国数字图书馆借鉴的地方。我国数字图书馆建设和发展正处于初级阶段，数字图书馆人力资源的现状还不能完全照搬美国的做法。

从宏观上看，我国数字图书馆人力资源存在着结构性短缺的问题，这些问题的解决需要学习美国的专业教育经验。高校教育界应把数字图书馆的需求与图书馆学信息学院或学会的课程体系联系起来。组织的调查研究，通过数字图书馆从业人员的广泛参与，找出数字图书馆从业人员应具备的基本素质特征和专业胜任特征。然后，通过调查大学图书馆学信息学院和学会、协会举办的培训课程，建立了课程培训目标与职业所需胜任特征之间的关联图表。使得高校培养出来的图书馆学人才能够更适应数字图书馆实际工作的要求。

现阶段，数字化产品和技术服务还可以维持数字图书馆的竞争优势，人力资源的结构性短缺还不能完全制约数字图书馆的发展。但如果不能很好地解决数字图书馆人力资源功能的移动、提升、转化问题，形成良好的人力资源管理机制，数字图书馆的人才势必流向其他行业。我们知道，作为高新技术产业，数字图书馆拼得就是人才。如果高智能、高层次人才都不愿献身数字图书馆，长此以往，必然阻碍我国数字图书馆产业的发展。所以，根据我国现实情况，优化我国数字图书馆的人力资源管理，提高数字图书馆人力资源理论功能向实际功能的转化比率已是迫在眉睫的事情了。

五、我国数字图书馆人力资源管理的优化

数字图书馆人力资源管理可分为人力资源功能的移动、提升和转化三个途径与环节，移动、提升服务于转化，而人力资源功能转化，一方面服务于数字图书馆的需要，另一方面又会促动移动、提升工作的优化。因此，人力资源功能的转化，是数字图书馆人力资源管理工作中的重中之重。

（一）绩效管理是实现数字图书馆人力资源功能转化的有效工具

1. 数字图书馆的绩效

数字图书馆的绩效包括组织绩效、部门绩效和员工绩效三个层次。其中数字图书馆员工的绩效是三个层次的基础，因此，在本论文中，如未加特殊说明，"绩效"是指数字图书馆员工的绩效。

对绩效概念的理解可分为五种观点，它们分别是完成工作任务论、结果论、行为（过程）论、结果＋行为（过程）论、做了什么＋能做什么。

我国现阶段，数字图书馆正处于高速发展的成长期，强调快速反应，注重灵活、创新，绩效强调"结果"或"产出"。对于数字图书馆不同类型、不同层次的员工来说，绩效的概念是不一样的，这是数字图书馆进行绩效管理的基础。

根据对数字图书馆人力资源类型的分析，我们知道数字图书馆的人才资源类型有组织管理型人才、数字图书馆员、IT技术人才、市场营销人才、法律人才五种。

2. 绩效管理处于数字图书馆人力资源管理的核心地位

数字图书馆人力资源理论功能需要通过一系列的方式、方法才能转化／发挥为实际功能。那么，通过什么样的方式可以使数字图书馆人力资源的理论功能有效地转化／发挥成实际功能呢？要找到答案，我们首先来分析数字图书馆的人力资源管理体系，数字图书馆人力资源管理体系包括人力资源吸纳和配置、人力资源功能提升、绩效管理、薪酬管理、激励体系、领导方式等方面。其中绩效管理在整个系统中处于核心的地位，数字图书馆人力资源管理的其他方面几乎都和绩效管理密切相关，且绩效管理明显地处在"纲"的地位上。

①绩效管理与人力资源管理部门：数字图书馆的人力资源管理部门和其他职能部门一样，是为业务部门提高运营效率而提供支持和服务的。显然，绩效管理的功能超出了人力资源管理部门的职能范围，其真正的责任人，应当是数字图书馆的高层领导及各级管理人员。人力资源管理部门在绩效管理过程中的角色，是在具体的操作中，承担横向的组织和协调工作。

②绩效管理与员工吸纳、配置：在员工吸纳、配置过程中，常运用各种人才测评手段，包括纸笔形式的能力测验、个性测验及情景模拟技术等，这些人才测评方法主要针对人的"潜在功能"部分所进行的，侧重考察人的一些潜在的功能倾向、性格或行为风格特征，以此推断人在未来的情景中可能表现出来的行为特征。而绩效评估则是对员工表现出的功能进行评估，侧重考察员工已经表现出来的业绩和行为，是对员工过去表现的评估。为了对一个人进行全面了解，这两种评估手段可以相辅相成，共同提供员工个体特征的信息。

③绩效管理与人力资源功能提升：绩效管理可以改进和提升数字图书馆的绩效。在绩效行动过程中，伴随的是数字图书馆员工理论功能的转化、提升、移动，有些员工的理论功能会转化为实际功能，有些员工的理论与实际功能会得到提升。绩效评估之后，主管人员根据被评估员工功能的实际状况，结合被评估员工的发展愿望，与被评估员工共同制定下一步绩效改进计划和功能发展计划。数字图书馆领导应在机会合适的情况下，晋升功能提升的员工。

④绩效管理与薪酬体系：目前比较盛行薪酬体系的原理是 3P 模型，即以职位价值决定薪酬（Pay for Position）、以绩效决定薪酬（Pay for Performance）和以任职者的胜任力决定薪酬（Pay for Person）的有机结合。因此，绩效是决定数字图书馆人力资源薪酬的一个重要因素。在数字图书馆的不同部门中，对不同性质的职位，在不同的薪酬体系中，绩效所决定的薪酬成分和比例有所区别。通常来说，职位价值决定了薪酬中比较稳定的部分，绩效则决定了薪酬中变化的部分，如绩效工资、奖金等。

正是因为数字图书馆的绩效管理与人力资源其他工作密不可分的关系，从理论上讲，绩效管理的有效实施，就能够整合并激活数字图书馆人力资源的各项职能活动，不断地提升数字图书馆员工功能的发挥比率，最终实现整个数字图书馆人力资源功能的供需平衡，从而推动数字图书馆的发展。

（二）数字图书馆绩效管理概述

数字图书馆绩效管理是一个完整的系统，这个系统由以下几部分构成：绩效目标体系制定（绩效目标计划、制定绩效考核标准）；绩效目标行动（行动中的沟通、辅导可以保证绩效行动有良好的结果）；绩效考评（绩效行动结果考核、绩效评价）；绩效反馈（评价结果通过反馈、沟通给个体）；绩效考评效用。个体再根据绩效考评的反馈结果和绩效考评的效用做出反应，来制订下一期绩效改进计划。在这个系统中：绩效目标体系制定是数字图书馆绩效管理的基础环节，绩效目标行动、绩效考评、绩效反馈是数字图书馆绩效管理的保证环节，绩效考评效用是核心环节。在绩效管理的过程中，绩效考评效用的公平、公正、适用会有效激活数字图书馆人力资源的功能。

1. 绩效目标设定是绩效管理过程的起点

绩效目标体系是数字图书馆人力资源总体理论功能转化为总体实际功能的目标。在这一阶段，数字图书馆的主管人员和员工个体一起讨论，以搞清楚在计划期间内，员工应该做些什么工作，做到什么程度，为什么要做这项工作，何时应做完，以及其他诸如权力的大小等具体内容。设定人力资源个体的实际功能转化目标，转化目标应具有挑战性、是员工自我认可的且达到目标后得到承认的。

在绩效目标计划制定的同时，考核标准也随之产生，它是绩效目标计划的副产品。绩效目标计划是由直接主管和员工共同制定的，考核标准也是员工全部知晓的。这样，员工在行动过程中，才能够按照目标计划行动，明白自己与考核标准的距离。

2. 在绩效行动过程中进行沟通辅导以保证绩效行动结果良好

数字图书馆绩效目标行动阶段在整个绩效管理过程中耗时最长，是连接绩效计划与绩效考评的重要中间环节。它的好坏直接影响到数字图书馆绩效管理的成败和人力资源功能的转化水平。在这个阶段，员工按照绩效目标计划进行行动，需要数字图书馆的各级相关管理者全程跟踪员工的绩效目标计划进展情况，主管对员工的工作要及时提供帮助和指导，找到并排除影响绩效的障碍以及得到使双方成功所必需的信息，必要时依据具体情况修订计划。双方要保持动态、持续的沟通，持续的绩效沟通能保证主管和员工共同努力避免出现问题。

在绩效行动的过程中，领导者进行有效沟通、辅导的优点：

a. 有效的沟通有助于最终产生良好的绩效结果；

b. 及早了解员工工作中的困难，并加以解决确保绩效行动的顺利进行；

c. 沟通是最有效的节约成本的方法，沟通可以降低数字图书馆人力资源的使用成本。

3. 实施绩效考评衡量绩效结果

绩效考评是数字图书馆绩效管理的主要保证环节，包括绩效考核和绩效评价。它的目的是想清楚知道谁在干什么，干得如何。数字图书馆人力资源的理论功能是否按计划如期转化为了实际功能，需要绩效考核环节进行衡量。各级领导者代表数字图书馆评价员工在过去一段时间内目标完成的情况，找出转化成功或失败的原因。

4. 反馈绩效结果

将绩效结果、评价结果反馈给个人。员工首先总结一下在过去一段时间内目标完成情况，发掘成功和失败的原因。领导再和员工一起讨论员工在完成绩效计划中所定目标方面所取得的进展情况，最后双方对绩效考评取得一致意见。

5. 绩效考评的效用

绩效考评必须是有效用的，对自我和组织环境都有效用。如果评价的结果没有效用，那么绩效目标计划等工作则没有任何意义。

①绩效管理对个人的效用：个人可以通过绩效评价，得到引导、激励，认识自我、清楚自我开发的方向，激发自我开发的潜力。绩效考评的结果和效用一起反馈、作用于个体，个体得到有效的激励，在下一期的绩效计划中会承担更重要的绩效目标，不断转化和提升自己的理论功能。

②绩效管理对组织的效用：数字图书馆根据绩效评价，可以采取有力措施提高数字图书馆的组织用人环境，制定合理的薪酬与福利体系、建立有效的激励机制、建设有效的组织制度。

（三）数字图书馆绩效目标计划的制定

1. 数字图书馆绩效目标体系的制定

①关键绩效指标体系设计的方法

a. 关键业绩指标法（KPI）

KPI 是衡量数字图书馆战略实施效果的关键绩效指标，其目的是将数字图书馆战略转化为内部过程和活动，建立一种不断增强数字图书馆核心竞争力和持续取得高效益的机制。KPI 的精髓，也可以说是对绩效管理的最大贡献，就是指出了数字图书馆业绩指标的设置必须与其战略挂钩。

KPI 业绩指标确定的原则：

● KPI 是对数字图书馆运作过程中关键成功要素的提炼和归纳。

● 将数字图书馆远景、战略与部门和个人运作相连接。

● 与内外部客户的价值相连接；具有长远的意义。

● 少而精，可控制。

● 基于战略与流程而非功能。

b. 平衡计分卡法（BSC）

平衡计分卡是一种新的战略性绩效管理系统和方法，其将传统的财务指标和非财务指标结合起来评估企业的绩效，着重从财务角度、客户角度、内部营运角度、学习与发展角度四个方面进行评估。平衡计分卡是一个管理者手中的有力工具，有助于企业实现经济效益健康和组织发展健康。平衡计分卡具有以下优点：

● 平衡计分卡的四方面指标帮助数字图书馆在追求财务目标实现的同时，也更加关注内部流程，提升员工功能并取得未来发展的人力资源供需平衡。

● 通过平衡计分卡在数字图书馆上下级间的沟通，将数字图书馆战略目标和部门乃至员工个人的目标紧密相连。

● 设计和实施平衡计分卡还有助于数字图书馆管理层发现问题，重新定位数字图书馆战略，修正内部管理流程，更加关注员工和内部管理体制等等，虽然平衡计分卡的引用很复杂，但是它的管理思想在数字图书馆绩效管理过程中是非常值得借鉴的。

在数字图书馆关键绩效管理体系的设计中，应将以上两种方法有效地结合起来。关键绩效指标的设定原则应该根据"平衡计分卡"进行设定，根据数字图书馆整体绩效目标及战略，层层分解，并平衡考虑制定数字图书馆各层级的关键业绩指标。结合两种方法可以平衡制定出数字图书馆各层级的关键绩效指标。

确定关键绩效指标的时候，应围绕平衡计分卡的主要因素，提出相应的问题，引导不同方面的关键绩效指标的建立。

②关键绩效指标设计

a. 罗列指标

确定数字图书馆的阶段性目标，围绕阶段目标罗列相关指标：

● 建立指标体系的主线：按组织结构分解，目标——手段方法；按主要流程分解，目标——责任手法。

● 建立指标体系的方法：

基于建立指标体系的两条主线，我们通常有两种方式来建立数字图书馆的指标体系：根据部门承担责任的不同建立指标体系；依据职位种类工作性质的不同建立指标体系。

依据部门承担责任不同建立 KPI 体系的方法，主要强调部门从本身承担责任的角度，对数字图书馆的目标进行分解，进而形成评价指标。这种方法的优势在于突出了部门的参与，但是有可能导致数字图书馆整体战略稀释现象的发生，指标可能更多的是对于部门管理责任的体现，而忽略了对于流程责任体现。

依据职位种类工作性质的不同建立指标体系。基于职位种类划分建立的指标体系，突出了对数字图书馆具体策略目标的响应。各专业职位按照制定的每一项目标，提出专业的响应措施。然而，这种设置指标的方式增加了部门的管理难度，有可能出现忽视部门管理责任的现象。而且依据职位工作性质确定的 KPI 结果性指标，缺乏驱动性指标对过程的描述。

● 绩效指标罗列

根据平衡计分卡的原理分四类罗列数字图书馆指标：财务类、服务/营销类、内部管理类、学习成长类。

财务类指标：净资产收益率、总资产报酬率、销售利润率、成本费用利润率、总资产周转率、流动资产周转率、资产负债率、流动比率、销售增长率、资本积累率、总资产增长率、三年利润平均增长率、三年资本平均增长率。

服务/营销类指标：数字图书馆数据库服务用户数量、对外承建资源库数量、数字化加工项目数量、服务/项目回款率、用户满意度、相对市场占有率。

内部管理类指标：新建数据库数量、信息组织及时率、版权状况。

学习成长类指标：新业务创新速度、新产品收入率、新市场收入份额、核心员工流失率、新员工培训合格率、培训覆盖率。

b. KPI 的选择

指标罗列之后，我们会发现数字图书馆的指标非常多，指标涵盖范围也较广泛。如果直接以这些指标进行监控的话，指标会显得太多，数字图书馆的管理者们根本不可能对这几十个指标给予同等的注意。因此，我们需要对指标进行进一步分析和选择，去除不可控、不可测、重复无价值、过时的和影响不大的一些指标，形成数字图书馆最终的 KPI 指标。

c. 指标的确认

制定的指标不能单纯地由上面领导定，或下面员工定，而需要上下沟通。在沟通的基础上，针对目标岗位的工作职责与工作性质，由主管领导设定KPI，并经员工认同。

d. 主要部门关键绩效指标体系确定

数字图书馆总体关键绩效指标后，要将关键绩效指标进行再分配给各个部门。各部门根据分配的关键绩效指标确定各指标权重，形成各部门关键绩效指标体系。

● 确定指标权重的意义：权重突出了重点目标；权重体现出意图引导的价值观念；权重直接影响评价结果；权重是数字图书馆评价的指挥棒；权重最终将左右和影响组织文化建设。

● 确定指标权重的原则：以战略目标和经营重点为导向的原则；拾遗补阙原则；系统优化原则；考评者的主观意图与客观情况相结合原则。

凡属自评项目，由本部门提出自评报告，附支持数据，由人力资源部门汇总、核对，报分管领导审定。

e. 指标的定义与描述

在这些指标中因为涉及数字图书馆各个层级和部门，因此，对这些指标进行明确的定义和规定是非常必要的。我们通常将指标划分为定量指标与定性指标两大类。

2. 绩效管理计划的制定

①具体岗位绩效指标的确定：任何战略的实施，最终都要落实到员工的行为。如果数字图书馆内各级员工的行为失去整体目标的牵引，而仅仅是按照职位的专业内容开展工作，其结果必然会发生"战略稀释"现象。在极端情况下，甚至可能出现员工的工作目的与企业整体的发展规划方向背道而驰，致使员工功能不能有效发挥。因此，必须通过绩效目标的制定使数字图书馆的战略层层传递和分解，使数字图书馆中每个职位都能赋予战略责任。

a. 制定具体岗位绩效指标时应从结果和过程两方面进行考虑

● 对处于不同层次的人员，由于承担的责任范围不同，结果指标和行为指标所占有的权重是不同的。处于数字图书馆高层的管理者和核心员工，通常更多的是对结果承担责任，工作内容更多的是决策和管理，需要的是灵活性和艺术性，对其达成结果的过程中的行为很难进行严格规范，因此，在设计绩效指标时往往结果指标占较大比重，行为指标所占比重较小。

● 一般员工往往不能直接对结果承担责任，或者说基层员工对结果的影响主要是通过其完成任务过程中表现出来的行为规范性来决定的，因此对一般员工来说过程控制就显得非常重要，在设计绩效指标时对基层员工来说往往行为指标占了较大比重，而结果指标占的权重较小。

b. 具体岗位的KPI

主要是由部门目标分解得出的部门目标的分解过程往往要同岗位应负责任、工作模块分析结合在一起。分解得出的指标要经过筛选，确定出确实能够反映岗位绩效的指标，作为岗位的 KPI 进行评价。通常数字图书馆中一个部门的指标并不是由一个岗位承担完成的，而是由几个岗位共同承担，在分解指标的过程中，部门应该召开会议。在数字图书馆中，部门分解指标的活动以布置工作的形式进行，这就需要员工在会后制定工作计划，并提出具体的指标。

c. 具体岗位 KPI 筛选

通常部门目标分析得出的指标也比较多的，涵盖了分部门 KPI 分解细化的指标和岗位日常工作指标等等，可以说这些指标基本上是该岗位所有指标的罗列，因此务必要进行筛选。通常需要进行两次筛选，在筛选前首先需要制定出 KPI 筛选的原则，第一次筛选主要是为了去掉互相重复的指标、岗位完全无法控制的指标、影响不太大的指标、管理成本过高或者计算过于复杂甚至不能计算的量化指标。第二次筛选时要求将指标根据对数字图书馆经营和经济效益影响力的大小进行排序，选择最重要的几项指标作为最终确定的岗位KPI。每个岗位的 KPI 总数一般应该控制在 3 个以上，7 个以内。

②制定绩效考评标准：考评标准是绩效管理的标尺。在绩效目标计划制定的同时，考评标准也随之产生，它是绩效目标计划的副产品。绩效目标计划是由直接主管和员工共同制定的，考评标准也是员工全部知晓的。这样，员工在行动过程中，才能够根据目标计划行动，明白自己与考评标准的距离。

绩效指标与指标权重确定以后，就要确定评价标准了。KPI 的指标值在确定的时候要分为定性和定量两类指标分别进行标准设定：行为指标的标准则可以直接从任职资格的行为标准中抽取或转换得出。在设定标准的时候，首先要确定基准值，如果我们的考评结果分为五个层次的话，那么处于中间层次的标准就应当视为基准，即在正常情况下多数人员都可以达到的水平。

a. 制定定量指标的评价标准

● 加减分法：采用加减分的方式确定指标标准，通常适用于目标任务比较明确，技术比较稳定，同时鼓励员工在一定范围内做出更多贡献的情况。应该注意的是采用加减分的方式来计算指标值的时候，最大值应当以不超过权重规定值为限，最小值不要出现负数。技术部或销售部的技术支持工程师工作通常采用此法评价。

● 规定范围法：经过数据分析和计算后，考核的主客双方根据既有的考评标准来进行评价。销售部门销售人员定量指标设定通常采用规定范围法。

b. 制定定性指标的考评标准

定性指标通常对指标的达成给予尽可能详尽的描述，然后以评估达标形式加以明确。

c. 不同层级和类别员工的考核

结果指标是数字图书馆每个员工发挥的实际功能的具体体现。除工作绩效结果以外，数字图书馆还应关注达到绩效目标的方法和途径，通过对员工理论功能和工作态度的评价，鼓励和促进被评估员工通过高度的自我开发发挥实际功能，并提升自己的理论功能，从而达到绩效目标。不同类别和级层的员工，其工作业绩、理论功能和工作态度所占的比重应有所不同。

d. 总经理考核

数字图书馆总经理是由董事会聘任的，聘任之初双方就签订了聘任协议书，详细规定了总经理的业绩指标。因此，总经理的绩效考核就应采用这些业绩指标为关键绩效指标。除了一些关键绩效指标外，还可以从日常工作的行为和结果方面来考核总经理，例如：数字图书馆人才的使用培养、员工满意度等。所有的考核指标都有明确的标准。在制定了绩效合约表之后，还需考虑绩效期间内有无绩效指标变动情况。如果有，则填写《绩效指标变动登记表》，相应的绩效考核表和绩效合约表也跟着变动。

③签订绩效管理计划书

a. 绩效管理计划书的内容

绩效计划的目的在于设定合理的目标，使数字图书馆员工的理论功能有效地转化为实际功能。因此，员工的绩效计划书应由以下三个部分构成：

● 关键绩效指标：即用来衡量数字图书馆员工绩效表现的具体量化指标，是对工作效果最直接的衡量方式。

● 工作目标设定：是由主管领导与各下属员工，在作绩效计划时共同商议确定员工在考核期内应完成的主要工作及其效果，所设定的是员工工作职责范围内的一些相对长期性、过程性、辅助性的，难以用员工功能发展计划量化的关键工作任务。

● 功能发展计划：是指主管领导和下属员工共同确定的，为实现绩效指标、完成工作目标所必需的功能发展需要，并据此设定员工功能发展的具体实施方案，追踪评估员工个体功能发展落实情况。

b. 绩效管理计划书设计的程序

在绩效计划阶段要做一些准备工作，要结合数字图书馆的目标，在广泛征求各级管理人员意见的基础上，建立健全部门和岗位责任制；同时，运用系统的方法，收集有关工作的各种信息，明确组织中各个职位的工作目标，建立完善职位说明书。这样，通过员工个人与其直接领导的讨论，管理者与被管理者在对被管理者绩效的期望问题上达成共识。在此共识的基础上，被管理者对自己的工作目标做出承诺。

在这里，我们把绩效计划理解为一个关于工作目标和标准的契约。而要形成这样一个契约，必须经过数字图书馆管理人员和员工的充分沟通，对员工的工作目标和标准达成一致意见。在绩效期开始的时候，管理人员和员工必须对员工工作目标和标准达成一致的契约，高层领导也要与所分管部门达成一致的契约。在绩效契约中，至少应该包括以下几方面的内容：

● 员工或部门在本次绩效期间所要达到的工作目标；

● 达成目标的结果；

● 这些结果可以从哪些方面去衡量以及评判的标准；

● 从何处获得关于员工或部门工作结果的信息；各项工作目标的权重。

c.绩效管理计划书类型

高效的绩效管理系统包括数字图书馆整体、部门和个人这三个层面，三个层面缺一不可。因此，这三个层面都需要进行绩效计划。

对于数字图书馆的员工，在经历了准备、沟通、制定关键绩效指标这三个步骤之后，就可以直接制定员工的绩效合约了。由于每个员工的当期工作目标和职责在岗位目标责任书中都有详细规定，因此我们在数字图书馆的绩效合约中只给出绩效考核的大体内容，不再根据职位逐一制定绩效合约。数字图书馆员工的绩效合约分为两大类，一类是中层管理者的，一类是普通员工的。

作为数字图书馆绩效计划设计结束前的关键一步，要从横向、纵向两个方面检查设计是否维持了统一的标准。从横向上，检查相同单位、职务的关键绩效指标与工作目标设定的选择和权重的分配等标准是否统一。从纵向上，根据数字图书馆战略及业务计划、职位、工作职责描述，检查经理的考核指标是否在下属中得到了合理的承担或进一步分解，能否确保公司发展战略目标和业务计划的实现。

d.对绩效管理计划书的审定与认可

在具体进行绩效计划的过程中，应该加强新关键绩效指标系统的沟通，对将本体系的原理和方法数字图书馆的中层管理人员进行培训，并以其他方式对数字图书馆的员工进行宣传和沟通，致使员工理解新的关键绩效指标系统的方法和结果，由此理解公司战略和个人绩效指标之间的关系，为顺利进行员工绩效计划提供帮助。同时，在设定了相关的工作目标和关键绩效指标之后，领导和员工应该就员工如何达到绩效目标进行讨论，确定数字图书馆员工应该着重发展的功能领域，以及希望实现的目标，并根据具体的目标设定相应的发展行动方案。

（四）绩效目标行动

从数字图书馆人力资源个体看，绩效目标行动是员工的理论功能发挥变为实际功能的过程。如何才能有效地发挥？这不仅需要员工个体的努力，还需要数字图书馆的各级管理者提供必要的环境和条件以促使转化的实现。数字图书馆人力资源的个性与工作特点决定了他们清高、藐视行政权威的特性。因此，要在绩效管理的过程中提高数字图书馆人力资源功能的转化率，数字图书馆的领导者尤其是直接主管人员应与员工进行持续不断的沟通。为此，各级管理者应努力转变为沟通型的领导，并应努力转变领导意识，在对员工积极进行辅导的同时做好沟通工作。

1.转变领导意识

①树立正确的权威观：破除对职位权力的迷信：对数字图书馆管理者和领导者来说，职位权力是影响力的基础，它是必要的，没有足够的职位权力，便难于发挥领导作用。但必须破除对职位权力的迷信，不要以为"有权就有威"，要看到职位权力的局限——它造

成的下级服从是被迫的、浅层次的，往往是口服心不服。因此，不要过分依赖职位权力，而应该把注意力转移到树立和运用个人权力上来，应该看到，只有个人权力才是影响威力的根本，才会导致下级自愿的、深刻的服从，才会带来口服心服的行动。

正确认识权威的来源：领导者的权力是哪里来的？盯住职位权力的人回答："上级给的。"盯住个人权力的人往往回答："个人赢得的。"这两种回答皆有片面性，都忽视了一个关键环节——下级的认可和认同。离开下级的认可、接受，职位权力和个人权力都难于建立，更难于奏效。离开下级的认可和支持，任何领导、任何权力都是无本之木、无源之水。数字图书馆领导者应该认识到：权力是上级给的，更是下级给的。

正确使用权力：第一，应该认识到影响力是双向的。数字图书馆领导者既要主动对下级施加影响，同时又要主动地接受下级对自己的影响，只有这样，才能实施有效的领导，充分地开发和利用本馆人力资源。第二，坚持以公谋公。运用权力实现组织目标，而不是谋私。

②树立员工第一的观念：这是当代西方人力资源咨询与培训专家提出的一种观念，而这也正是现代意义的人本主义管理的基础。对我国现阶段的数字图书馆来说，刚刚树立了"读者第一"的观念，现在很难接受"员工第一"的观点。其实，"员工第一"与"顾客第一"不但不相矛盾，而且前者还是后者的保障。由于要真正做到"顾客第一"，必须是全体员工都能将其服务的读者看作是"上帝"，读者是通过为其直接服务的数字图书馆员工而了解和评判数字图书馆及其管理者的，绝大多数读者肯定都不认识数字图书馆的管理者与领导者的。管理者与领导者是直接为其员工服务的，要使员工将顾客看作"上帝"，管理者就必须将直接服务的员工看作是"上帝"。因此，只有树立起"员工第一"的观念，数字图书馆的领导者才会真正去研究其员工的想法、员工的要求、员工的需求。从组织角度看，数字图书馆是具有共同目标的人群集合，这就是说只有能够满足其成员需要的组织，才能得以生存与发展。因此，仅仅研究读者需要，并不能真正满足读者的需要。了解和满足读者需要是管理者的任务，但管理者通常并不亲自去满足某个具体读者的需要，而是要通过数字图书馆的员工去实施。所以，数字图书馆管理者的主要职责是了解和满足员工的需要，激励员工的积极性和创造性，促使员工能创造性地去服务于数字图书馆的目标顾客。

③树立员工是合作者而不是下级的观念：将员工称为下级，是我们传统图书馆的习惯性称呼，但在数字图书馆中这种称呼已经不合适了。将员工看作是合作者，才能建成数字图书馆所要求的平等、自由、协作的创造环境。这里的"员工"不只是指高层管理人员和关键性技术人员，也包括企业的一般性员工。如果将员工看成是被动的下级，其工作的过程和质量是需要进行严格监督才能保证的，而且员工是不用承担责任义务的，但这种严格的监督在现实中是不可能完全做到的。因此，现代的组织研究表明，越是从事实际工作的员工拥有越多的决定组织未来的权力。只有平等地合作，数字图书馆员工才会产生自觉遵守纪律的动力和为目标奉献的精神。

2. 辅导

辅导是数字图书馆主管辅导其直接员工达成绩效目标的活动与过程。通过辅导，有助于数字图书馆员工不断改进工作方法和技能，随时纠正员工在行为与目标上出现的偏离，并对目标/计划进行跟踪与修改。数字图书馆绩效辅导的目的在于帮助、支持员工达成绩效管理之初设定的目标和计划，协调和调配相关资源，了解和监控目标实现的过程。在这个阶段主管要注意观察、收集、记录员工"行为/结果"的关键事件或绩效数据。

①收集记录与绩效有关的信息：确定员工绩效好坏的事实依据；找出绩效行动中问题的原因；查明那些绩效突出情况背后的原因，如：搞清楚优秀员工工作方法后，可以利用这些信息帮助那些从事相似工作的员工，使他们的工作做得更好；为确定员工是否达到了他们的工作目标和标准提供依据。

②绩效记录的原则：基于事实，尽可能地描述事情的经过，不要修饰或解释；语句简洁、扼要，突出重点；特定事实取向，避免通俗用语。

3. 沟通

沟通应贯穿数字图书馆绩效管理的整个过程，除在绩效目标行动中有沟通外，绩效考评的结果、绩效考评效用等方面也应及时与员工个体进行沟通。在数字图书馆绩效管理行动中，沟通的目的是为了确保数字图书馆绩效目标的实现，帮助员工提高业绩，通过沟通可以避免问题的出现和及时解决问题，必要时可以对已确定的绩效目标进行调整。

沟通可分为正式的和非正式的、定期和非定期的。沟通的方式有书面的、面谈的、会议的、网络的等等。

①沟通的内容：与员工相互沟通制定绩效目标计划；说明绩效目标的具体含义，帮助员工清楚地了解各自的绩效目标；为员工实现绩效目标提供及时的指导、帮助；了解员工在实现目标计划过程中遇到的困难，鼓励员工圆满完成任务；与员工一起探讨问题，听取他们的意见、建议，了解他们的感受，与员工建立和谐的关系；向员工解释自己在特定环境下的失常行为；在绩效考评中与员工沟通，听取员工的表述；在绩效考评后与员工进行沟通，听取员工对绩效管理效用的意见、建议，这对数字图书馆的健康发展是非常重要的。

②建立绩效沟通制度：为使绩效管理能够达到预期效果，提升数字图书馆人力资源功能的转化比率，数字图书馆的管理者应增强上下级之间的信息沟通，增进相互之间的了解、达成应有的共识、形成良好的人际关系。由文献可知，面对不同类型、层次的员工时，可采用不同的沟通方法组合，或者不断变换沟通的方法。

设立"投诉意见箱"。在数字图书馆每一间办公室都备有意见沟通用纸和信封，有不满和苦恼的员工只要写信投入信箱即可。设有专门的"意见处理部"，并保证在10天之内予以回答。规定复信原则：对提出的意见和问题要给予正确无误的答案；无论什么问题都不能拒绝回答；要以坦率真诚的态度回答问题；重点放在具有建设性和能解决问题的方面。此外，数字图书馆对提意见的员工都严格保密。

实行"门户开放"政策。员工如有不满或抱不平，而所属领导或利用意见箱又无法解决时，数字图书馆应确保他们有权利越级同更高层的管理者直至最高领导者面谈商洽，直到问题得以圆满解决为止。

制定管理人员专访制度。意见的沟通应是双向的，因此，数字图书馆应规定管理人员要访问员工。管理者在专访中，要把谈话的内容一一记录下来，一方面用来反映员工的情况，同时也作为管理者个人的工作记录。

开展年度员工意见调查。每年举行一次员工意见调查，调查的方法是要求数字图书馆员工对问题调查表做出详细回答。例如，"你对工资是否感到满意""你是否得到所属上级的完全信赖""你是否打算在本单位工作到退休"等。对这些调查表进行统计分析后获得的资料，就可以大致表明员工对单位、工作、管理者和工资等问题的满意程度。这些资料对把握员工意向、制定数字图书馆决策都具有重要作用。

（五）实施绩效考评

绩效考核、评价是数字图书馆绩效管理的主要环节。数字图书馆绩效考核，就是收集、分析、评价和传递有关数字图书馆某一员工的工作行为表现和工作结果方面的信息情况的过程。由于数字图书馆是依员工的工作而运行起来的，因此，对每一个员工的绩效进行合理地评价，并据此激励和表扬先进、鞭策后进是非常必要的。

1. 绩效考评的原则

在实施绩效考评的过程中，数字图书馆应遵循"以人为本"的原则。本着尊重员工、关心员工，激发员工创造热情原则，公平、公正的进行绩效考核和评价。员工在绩效行动中所付出的努力，需要得到正确的评价才能得以体现。在绩效考评中坚持"以人为本"要做到以下几点：

①要实施分类考评：首先，对于不同岗位的员工，应分别进行考评，制定不同的考评内容和标准，采用不同的考评方法。其次，对于不同层级职务的岗位，考评的具体设计也是不同的，如对软件程序员和软件工程师，不同考评内容所占的权重就不同。再次，不同项目的考评也要分别进行。可见，实行分类考评，既应有可信的绝对值，又应有在相应岗位中的相对值，便于鼓励先进，鞭策落后。更重要的是，分类评价，使不同岗位的员工能够突出自己的特长。

②要开展适应性评价：适应性评价是对员工岗位匹配的评价。要根据员工自身的功能，做到最佳匹配。在这一点上，西门子的做法值得借鉴。对那些一时不能胜任工作的员工，西门子不是把他们打入另类，而是在尽可能的情况下，换一个岗位，让他们试一试。许多时候，考核为"不称职"的员工通过调整，找到自己的位置，会干得与别人一样出色。这是数字图书馆管理者应该切记的。

2. 绩效管理的考评层级和考评关系

①评定层级：不同层级绩效评估的重点和评估频度将不同，共分三级：

决策级考核：主要考核数字图书馆高层领导，由董事会执行。

部门级考核。主要考核数字图书馆各部门和部门副经理以上领导；由数字图书馆领导、绩效考评办公室执行。

员工级考核：各部门员工，由各部门领导执行、数字图书馆领导审核。

②考核关系：被考核对象的直接上级是考核的执行者，相关组织的评价信息，可以作为评价的一部分，例如对于组织考核来说，内部客户的满意信息直接用于评价被考核组织的内部满意指标；间接上级负责对绩效结果进行审核；对于经过审核的绩效结果，由直接上级与被考核对象双方沟通后对结果进行确认。

人力资源部门作为绩效管理活动的一个重要的部门，所担负的职责是监督、指导绩效管理有效开展，对总体的绩效考核信息进行汇总、分析和运用。

3. 考核方式

进行绩效考核前必须选择合适的考核者，通常说来，对考核者的要求是：有较长时间和多种机会观察被考核者的工作情况；能准确将观察结果转化为评价信息，并最小化系统偏差；愿意真实提供绩效考核评价的结果。可供选择的考核者包括：直接上级、下属、自我、客户四种。

①自我评估：自我评估是指由被考核者对自己的绩效考核期间内的工作情况进行评估，被考核者应对自己在本考核期内的业绩、态度和能力进行客观、实事求是的总结和评估。如果想要提高员工在绩效考核中的参与度，自我评估是非常有效的。自我评估能够提高员工的自我意识，致使员工更好地认识自己的优点与不足，增强员工的满意度，促进员工对绩效考核的支持，并且能够帮助管理者识别员工的培训和发展需求。然而，自我评估的结果常常会优于上级考核的结果，这主要是因为员工的自我评价过高。因此，自我评估主要适用于个人发展计划及培训等方面。

②直接上级考核：

a. 直接上级考核的基本原则：考核者必须以对工作负责和对公司负责的态度，以客观事实为依据，认真进行考核；考核应以发展和提高下属的工作绩效与工作能力为最终目标。

b. 直接上级考核的考核依据：考核的依据是预先设定的被考核者的关键绩效指标和衡量标准，单纯地将被考核者与他人进行比较而得出的考核结果，将得不到本制度的承认；考核仅针对被考核者在本期的工作表现、工作态度和能力进行。

c. 上级考核的考核程序：填写《员工绩效考核表》考核者对照事先确定的绩效标准对员工进行考核，并填写《员工绩效考核表》；提出工作期望考核者对被考核者的主要优缺点进行总结，并根据被考核者在工作绩效中有待改进的地方，提出改进与提高的期望。

d. 上级考核的优缺点：直接上级考核的优点是：直接上级熟悉员工、有机会观察员工，能将员工绩效考核与部门、组织目标相联系。缺点是：个人偏见、冲突、友情关系等可能损害考核的公正性。

③下属考核：

● 下属考核的适用对象：凡是拥有下属人员的管理者，都必须接受被管理者的考核。

● 下属考核的基本原则：考核者必须以对公司和对工作负责的态度，以客观事实为依据，认真进行考核；只对被考核者的工作表现、工作态度以及能力进行考核，而不对被考核者的个性特征进行考核，不得以个人的好恶性进行评判；下属考核以不记名方式进行。

● 下属考核的考核依据：考核的依据主要是根据被考核者的绩效指标和标准，单纯地将被考核者与他人进行比较而得出的考核结果，将得不到本制度的承认。

● 下属考核的考核程序：在绩效管理期末时，考核者对照被考核者的绩效标准，并将填写好的《绩效考核表》交人力资源部门。

● 下属考评的优缺点：管理下属是管理者的一项重要工作，至少占了管理者全部工作内容的一半。下级可以直接了解上级的工作能力和业绩，但下级考核容易出现迎合上级的情况。

④客户评估：客户评估分内部客户和外部客户。内部客户包括上级、同事、下属都可以视作内部客户，外部客户指数字图书馆产品使用者、服务使用者、出版社、版权所有者等。而且部门不同，外部客户也不同。资源部的客户主要是版权所有者、销售部的客户主要是各图书馆或情报所等。故，在数字图书馆绩效考评中，在对有对外联络任务的部门进行考核时，适当增加外部主要客户的意见；在对管理层进行考核时，可实行自我评估、下属的考核、直接上级的考核以及平级考核相结合的方式；在对一般员工进行考核时，可实行自我评估、直接上级的考核以及平级考核相结合的方式。

（六）绩效结果反馈与沟通

数字图书馆管理者对员工的绩效情况进行评价后，务必与员工进行面谈沟通，这个环节是非常重要的，因为绩效管理的核心目的是为了不断促进数字图书馆人力资源的功能转化并提升他们的功能，以达到实现数字图书馆人力资源现实功能供需平衡的目的。这一目的能否实现，最后阶段的绩效面谈和反馈起了很大的作用。

1. 绩效面谈的目的

提高员工对绩效管理制度的满意度：数字图书馆的管理者和员工在面谈过程中，可以共同分析完成绩效目标过程中各种问题产生的原因，找出解决这些问题的办法。使员工清楚管理者对自己工作绩效的看法：一个绩效管理循环即将结束，数字图书馆的员工希望能够得到管理者对自己工作绩效的反馈信息，便于在下一个绩效管理工作中不断改进绩效、提升功能。另一方面，数字图书馆的员工也想就一些具体问题或自己的思想与管理者进行交流。员工在努力工作了一个季度或更长一段时间后，首先希望得到的就是对自己绩效水平的公正客观的评价，这种评价往往也是人力资源激励的重要组成部分，尤其是在绩效较好的情况下，员工更希望能够得到主管及时的激励，满足自我实现的需要。

确定下一绩效管理期的绩效目标和改进点：在双方对绩效结果和改进点达成共识以后，

数字图书馆的管理者和员工就需要统一确定下一绩效管理周期的绩效目标和改进点。绩效管理是一个周而复始的循环，上一周期的结果恰好也是下一个周期的开始。故而，绩效反馈面谈可以与下一个循环的绩效计划合并在一起进行。

2. 绩效面谈前的准备

①主管人员须注意之处：选择适宜的时间，尽量不要安排在刚上班和下班时间，时间安排上应适当（0.5 ~ 1 小时），主管应对此提前征求员工意见。

选择适当的场所，准备面谈的资料：包括评价表、日常工作记录、定期总结、岗位说明书。

计划好面谈程序，如先后顺序、时间分配；先沟通本次绩效评价的目的和标准，优点，再谈改进的地方；直接从表格入手，说出意见，如未获得同意，不要进入下一项；在提出你的评价前，让员工先谈，轮流发言；出现争议时，可结束面谈而不要做出结论。

②员工方面的准备：填好自我评价表；备好个人发展计划；准备好向主管人员提出的问题；安排好自己的工作。

3. 绩效面谈的原则

①建立并维护彼此之间的信任；②清楚说明面谈的目的和作用；③鼓励员工多说话；④注意全身心的倾听；⑤避免对立和冲突；⑥集中于未来而非过去；⑦集中在绩效，而不是性格特征；⑧找出双方待改进的地方，制定具体的改进措施；⑨该结束时立刻停止；⑩积极的方式结束面谈。

第五章　数字图书馆推广工程

发挥数字图书馆的最大效益，应该以开放、融合、创新的理念，连接全国各级各类数字图书馆，实现信息的双向互通和资源的共建共享，建立覆盖全国的数字图书馆服务体系，形成基于新媒体的图书馆服务新业态。数字图书馆推广工程将承担这一重要任务。

第一节　数字图书馆的概念模型

一、用户界面

数字化图书馆的资源被广大用户或读者使用，必须具备友好的用户界面。目的就是让用户访问资源时，使用方便，因此人们非常重视用户界面的开发，例如近年来，在INTERNET上出现一些方便用户的网络化信息检索工具，它们使用的是浏览器和超文本等用户友好界面的技术，跨平台、跨语种的统一检索界面。使用者不必知道所要查找的信息在网络存放的位置，也不必掌握许多操作命令。这些界面使用者一看就懂、一学就会，掌握起来也没什么困难。

二、网络和通信系统

网络和通信系统是数字化图书馆的重要基础。从宏观的数字化图书馆概念出发，它是一个整体化建设。包括一个单位内的区域网络以及地区、国家和国际网络和通信系统的建设。因特网是目前数字化图书馆实现的网络环境。大量的信息资源均可通过它获得。特别是当前世界各国发展的宽带网是数字图书馆真正要求的运行环境。例如各国发展2.5GB-10GB带宽的主干网等。

三、信息资源和检索、发布系统

读者的目的是以最快的速度得到满意的资料。一个现实的数字化图书馆，在今后一段时间内将同时存在三种资源：即本单位收藏或开发的数字化信息资源；传统图书馆的印刷型资料（有各种数字化的索引）；外界数字化图书馆、信息中心和电子出版物数据库的资源等。就长远观点而言，还应有国家级的"知识银行""文献数据库系统"，供数字化图书馆共享。一大批对象数据库由智能软件进行数据检索和发布。

四、数字化图书馆的咨询系统

数字化图书馆的咨询系统一般分为自我服务系统和请求帮助系统。这是数字化图书馆的重要组成部分，前者能在客户端上显示读者指南，能自动指引读者使用数字化图书馆。目前大多数电子信息中心均有自我服务系统。后者为请求帮助系统，数字化图书馆应有各种信息专家，随时接受读者的联机访问并提供咨询。已有数字化图书馆的示范单位，有的已使用专家系统来部分解决一些读者提出较疑难问题。请求帮助系统应能在读者不中断检索的情况下，逐一地帮助用户解决问题；系统专家还能监控这些活动，知道信息专家解决问题的情况。

第二节　构建数字图书馆工程

一、数字图书馆推广工程的建设内容

将推广国家数字图书馆工程的理念、技术、标准，建立覆盖全国图书馆的数字图书馆虚拟网，建设分级分布式数字资源库群，借助手机、数字电视、移动电视等新兴媒体，以互联网、移动通信网、广电网为通道，为政府立法决策、教育科研、公民终身学习等提供多层次、多样化、专业化、个性化的数字图书馆服务，构建基于新媒体的图书馆服务新业态。

二、数字图书馆推广工程的总体架构

数字图书馆推广工程的总体框架主要包括基础设施、分布式库群、业务支撑和运行支撑、服务应用、统一认证以及配套的保障体系。

（一）基础设施

基础设施主要由网络通信系统、存储、计算机服务器等组成，它是连接数字图书馆虚拟网的必备条件，也是实现全国各级数字图书馆实现互联互通的基础和前提。

（二）分布式库群

分布式库群是依托各级图书馆的丰富馆藏和数字资源建设成果，建设的分级、分布、海量公共文化资源库群，它是实现数字资源共建共享的资源基础，将丰富面向各类用户不同需求的信息资源内容。

（三）运行支撑

运行支撑则通过建立数据登记、运行管理、任务管理、虚拟网管理等系统，实现各级数字图书馆之间的资源访问权限管理、数据互访、交换、共享和集成等功能。

（四）业务支撑

业务支撑是指在数字资源生命周期全过程管理理念下的数字资源建设、组织、保存等核心业务系统。将这些核心业务系统的在各级图书馆分布式部署使用，形成全国范围内分级分布的资源建设、加工、存储调度体系。

（五）服务应用

服务应用将实现资源之间无缝互连，建立贴近用户习惯的统一检索系统，并通过知识组织技术，建立知识之间的关联，从而形成知识网络，并全面整合图书馆的参考咨询、馆际互借、文献传递、联合目录等资源，促使其在数字图书馆推广工程的服务系统中充分发挥作用。

（六）保障体系

配套的保障体系主要包括标准规范体系、评价体系以及培训机制。通过定义数据标准、技术标准、各种运行机制，确保各级数字图书馆数据共建共享的一致性、规范性和互操作性。

数字图书馆建设是一个系统性的工程，即使对传统图书馆的融合、扩展，也是创新。数字图书馆建设与服务所涉及的内容、技术都是在不断发展的，公众及业界对数字图书馆的认识也是不断深化的。数字图书馆建设应该是开放性的、创新性的。数字图书馆推广工程将以开放、融合、创新的理念构建覆盖全国、互联互通、共建共享的数字图书馆服务体系，形成基于新媒体的图书馆服务新业态。

三、数字图书馆的三种主流模式

经过了十几年对数字图书馆各种主要技术的研究和相关技术的发展，为建立现实的数字图书馆打下重要的技术基础，现已诞生或正在建设一批数字图书馆，主要有三种类型：

（一）特种馆藏型模式

将自己图书馆的珍藏（包括善本、古籍和珍藏）或特种馆藏（包括图片、声音、音乐、影视等各种载体）的资料进行数字化，提供网上共享。例如，从美国国会图书馆的"美利坚记忆"为代表的一些国家、地方图书馆等。

（二）服务主导型模式

这种服务模式的资源一般由三部分组成：a.图书馆本身的数字化特种馆藏；b.商用的网上联机电子出版物或数据库（包括在本馆的资源镜像库）；c.在因特网上有用的文献信息资源。它们用统一的界面向读者提供服务。例如目前国外有些大学的数字图书馆模式，又如美国加利福尼亚州的数字图书馆（CDL）等。

（三）商用文献型模式

一些文献服务公司、出版社、代理商等建立一种供商用文献型的数字图书馆，提供全文的期刊、杂志、电子图书（也包括音乐和影视资料）等，通常既有索引数据库、又有全文的对象数据库。例如，中国的超星数字图书馆提供电子图书，荷兰的 Elsevier 公司提供 1200 多种全文杂志，美国科罗拉多州的 Net Library 也提供几万种电子图书供读者使用。

第三节 国外数字图书馆工程

一、美国数字图书馆工程

美国是全世界最重视数字图书馆研究与发展的国家，它已投入了大量的人力、物力和财力，在数字图书馆项目研究和应用方面取得了突破性的进展，并且有些项目已投入实用。

美国数字图书馆的研究项目已呈百花齐放的局面，目前最主要的项目有：

（一）美国记忆

美国记忆项目（American Memory Project，1989—1995）。这一项目始于 1989 年，这个项目的主要目标是将美国主要的历史档案资料（包括图书、小册子、手稿、单面印刷品、音乐、声音记录、照片、艺术图片和活动的画面等），经过尽量少的编辑，将其转换为数字化格式，提供给研究者、学者或一般读者。

（二）美国数字图书馆首创计划

这一计划是美国国家科学基金会、国防部高级技术规划局和国家宇航局联合于 1994 年 9 月正式提出的。这一计划包括 6 个项目，它们分别是：《信息媒体：综合声音、图像和语言理解技术于数字式视听图书馆的创建和探索》《环境科学电子图书馆：一个可放大的、智能化的、分布式电子图书馆原型》《密歇根大学数字图书馆研究》《亚历山大工程：建立具有图像和空间参照信息的综合性服务功能的分布式数字图书馆》《斯坦福集成数字图书馆项目》《构造互联网空间：为大学的工程学科建立数字图书馆基础设施》等。

（三）美国国家数字图书馆工程

经过 5 年的实验性研究和建设（American Memory Pilot，1990—1995），1995 年美国国会图书馆正式启动国家数字图书馆工程计划（National Digital Library Program，NDLP），"美国记忆"（American Memory）是其重要组成部分。本项目由保存与存取理事会出面组织的"美国国家数字图书馆联盟"为核心力量。美国国会图书馆、保存与存取理事会及国内多所名牌大学和 IBM 公司等 15 所研究图书馆和档案馆参与项目建设，总经费达 6 000 万美元。该项目的目标是将国会图书馆和其他图书馆、研究图书馆中的绘画、图书、音乐、手稿、照片、视频、音频等众多反映美国历史、文化的史实性文献转换成数字资源，目前已拥有 100 多个历史资源库，数字作品超过 750 万件。这些内容目前主要体现在"美国记忆"的整个文化、历史藏品中。国会图书馆负责项目的总体协调管理，制定技术标准，审定数字化对象，组织专家和用户评估，筹措资金。

（四）国家科学数字图书馆

包括 35 个子项目。目前共有 4 个主题（核心集成系统、内容、服务和目标系统研究）64 个课题获得了 NSF 的资助。其主要目标是构建一个高质量的国家科学、技术、工程、数学数字图书馆，为各种级别（包括接受正式和非正式教育）的学生和老师提供一种非常广泛的信息获取途径和数字环境，包括丰富、可靠、经授权的教学资料及相关服务工具，并提供交互式学习环境。2002 年 12 月服务网站已正式开通。

（五）美国国家数字信息基础设施保存计划

2000 年 12 月，美国国会法律通过在国会图书馆（LC）开展国家数字信息基础设施保存计划（NDIIPP）（PL106-554）。本法号召国会图书馆对全国的数字内容长期存储进行领导，同时与来自其他联邦机构、研究界、图书馆界及商界的代表密切协作。根据本法批准的 1 亿美元将分期划拨，500 万美元当即拨付，国会批准 NDIIPP 计划之后再拨付 2 000 万美元，剩下的 7 500 万美元将视相关配套资金的集资情况而定。

（六）IBM 数字图书馆计划

1995 年 3 月，IBM 公司向全世界倡议，在信息高速公路上，创建数字图书馆，并投入巨资，在世界各地建立数字图书馆原型和实用范例，并建立数字图书馆研究中心。"IBM 数字图书馆计划"是一个跨行业的部门，它将信息存储、管理、查询检索与发行集成在一起，面向各类信息源，促使信息源用户能方便地将自有信息转化为数字化多媒体形式，并在广域网上传播。该计划共有 14 个项目，我国清华大学等 3 家单位参加了其中一些项目。该计划的 14 个项目分别是：EMI（百代）音乐出版发行项目、Lutherhalle Wittenberg 博物馆、Marist 学院项目、佛罗里达州立大学数字图书馆、梵蒂冈图书馆项目、科学信息研究院项目、洛杉矶市立图书馆项目、印第安纳大学音乐学院音乐数字图书馆、德温特信息公司专利信息数字图书馆、CWRU 大学数字图书馆、西班牙档案馆数字图书馆、清华大学数字图书馆、中国石油天然气总公司档案数字图书馆、中国历史地图集电子版资源库等。

典型的范例，如梵蒂冈图书馆，它有珍贵收藏品的图像并提供电子水印技术；法国国家图书馆；美国西卡斯雷泽夫大学建立数字多媒体图书馆；美国印第安纳大学音乐数字图书馆，目前已有的音乐库，其容量达 2.5TB 以上；在中国也选了清华大学创建数字图书馆原型的体系结构；石油天然气总公司研究地质资料和图像数字化、大规模数据的管理和检索；复旦大学对历史地图的存取；上海交通大学对汉语语言处理和自动分类、自动抽词研究等；同时，IBM 公司已与北京图书馆合作对古籍图书"500 罗汉"的数字化等。

（七）康奈尔大学图书馆系统的多个数字图书馆计划

康奈尔大学（Cornell University）图书馆系统中的几乎每一个图书馆都在实验电子图书馆或数字图书馆。这将有助于以数字形式保护不可替代的印刷型文献资源和影像资源，并可促进美国全国性电子图书馆的建设。康奈尔大学图书馆系统的数字图书馆研究包括以下计划：学院图书馆检索及储存系统；美国的形成；柯达图书馆图像联合计划；数字化存取联盟；大学许可证计划；国家工程教育传递系统；电脑技术文献计划；通过 Internet 来使用的学位论文系统；Albert Mann 电子图书馆计划。

（八）数字图书馆联盟计划

G8 数字图书馆联盟是由美国、英国、法国、德国、加拿大、意大利、日本、俄罗斯等 8 个国家的国家图书馆组成的，并实施"G8 信息社会小型实验计划"，并准备推出"全球数字图书馆"，便于使参加国的文化历史精华建成一个大型数据库，供全人类使用的一个跨国性的数字图书馆项目。该项目的动作协调由和法国承担。它的体系结构是基于一定的网络环境，采用分布式系统，使用先进的检索功能，采用统一的公共标准，来开展合作活动。目前，除了以上 8 个国家以外，又有 6 个国家加入了该项联盟计划。现在美国已经成立了七个数字图书馆研究中心，即：智能信息检索国家中心（CIIR）、数字图书馆研究中心（CSDL）、人文科学电子文本中心（CETH）、信息存取研究中心（哥伦比亚大学）、维琴尼亚大学电子文本中心（Etext Center）、信息基础设施项目（哈佛大学）和信息管理、连接性和集成 RUTGERS 研究中心（CIMIC）等。

二、英国数字图书馆计划

1993 年 6 月，作为世界上最大、收藏最丰富的国家图书馆之一的英国国家图书馆宣布开始实施"2000 年的战略目标"——"存取创新（Initiatives for Access）"计划。目的是对其馆藏资料数字化和网络化时必需的软硬件进行研究，并建立有关信息的存储、标引、检索、传输等方面的标准。总投资约一亿英镑。总标是运用现代化的网络通信技术和数字技术把英国图书馆建设成一个世界各地的读者都能方便地检索和查询信息的现代化图书馆。

英国的数字图书馆计划包括两个项目，即：①信息利用首创计划。这一计划的主要目的是研究图书馆资料数字化和上网所需的硬件和软件平台，确立数据存储、标引、检索和传输的标准，探讨图书馆资料数字化及通过网络提供存取时涉及的版权问题。这一项目又包括以下 10 个子项目：英国国家图书馆网络、网上订购、古籍修复与存储、网络 OPAC 项目、专利快递光盘自动换盘机机群系统、电子照片观看系统、缩微片数字化、世界地图、英国鸟类、发明与发明家等；②电子图书馆试验项目。该项目主要是在英国国家图书馆和 IBM 英国公司，支持的第·蒙特福特大学建立的 ELINOR 电子图书馆系统项目的基础上发展起来的。该项目存入了学生最常用的书刊教材全文影像及多媒体学习软件包，使学生在该校几个不同的分校园中，可以趋势存取使用，用户端的接口软件采用 WWW 方式。

三、世界记忆（Memory of the World）

世界记忆计划（英语：Memory of the World Programme），是一项联合国教科文组织倡议发起以保障文献，避免集体性遗忘、忽视、被时间和气候条件故意及蓄意地破坏。1996 年由联合国教科文组织发起的一个全球性的数字图书馆计划，包括非洲、美洲（拉丁美洲）、欧洲、亚洲等许多国家的古代文化遗产，有手稿、图片、抄本，也包括声像资料等。

为响应全球性的注册，一些国家或国家集团也建立了国家（即国家世名录）和区域对应名录，形成了三级名录，以支持世界记忆计划，这样可以更好地管理文件的项目。

四、法国数字图书馆项目

（一）法国国家数字图书馆项目实施计划

该项目的主要目标是：实现馆藏的数字化以及网络存取，为实现数字图书馆打下雄厚的资源基础，从事数字图书馆解决方案的研究、开发和商品化。该项目是由法国国家政府投资，由法国国家文化部数字化研究所统一组织和协调，并由国家文化部出面与各承担单位签订合同，监督和管理项目的实施。该项目是由国家组织对全国文化系统重点项目进行资源建设与提供利用，主要包括国家文物、艺术、建筑、图书资料及档案大众服务信息等资源的收集、加工和提供服务，以确保法国的文化遗产资源库的建设和对大众的广泛应用服务。其目标是：实现馆藏的数字化以及网络存取，为实现数字图书馆打下雄厚的资源基础，从事数字图书馆解决方案的研究、开发和商品化。法国数字图书馆中的数字化资源其中有 14 世纪 1 000 件手稿，正在数字化 30 万张图片等，目前总存储量在 3 000GB 以上。

（二）法国国家书目数据库

该项目主要是由两个数据库组成，即 BN-OPALE 和 BN-OPALINE。这两个大型数据库共包括约 200 万条书目数据，通过互联网 Telnet 方式向全世界传送。其中，BN-OPALE 包含书目数据、连续出版物数据和计算机文档数据等；BN-OPALINE 主要包含地图、录音、视频、多媒体资料、硬币、装饰艺术资料等。

（三）法国联合目录

该项目主要是将法国期刊目录（CCN）、法国国家书目、法国高校联合目录等一起并入该系统，便于统一管理。

（四）"文化遗产"资料数字化

该项目是由法国国家图书馆与各城市图书馆通力合作，将城市图书馆中的精品馆藏数字化，并存入相应的存贮介质上，送到国家图书馆新馆中保存，最终通过互联网向全世界读者提供法国文化精品宝库。

法国文化部2005年7月11日发表声明,法国政府将于7月13日成立"欧洲数字图书馆"筹建协调委员会。委员会的任务是研究法国文化财产数字化的可能性,并与欧洲同行协调该领域的工作。该声明说,法国的"欧洲数字图书馆"筹建协调委员会将由文化部指挥、由多个部门的代表组成。代表们主要包括法国国家图书馆、法国视听研究所、国家资料中心负责人,也有巴黎政治学院的专家、出版行业协会负责人、汤姆森公司的代表等。声明说,委员会的首要任务是从科学研究和工业操作两个方面具体落实"欧洲数字图书馆"的创建工作,提出试行建议供欧洲同行讨论。并且特别指出,法国方面提出的试行办法将倚赖公共部门与私营企业的合作。

2004年年底,拥有全球最大搜索引擎的美国Google公司宣布将与美英几大著名图书馆合作,将它们的馆藏图书制成电子版放到网上供读者阅读,于2015年建成世界上最大的网上图书馆。

2005年初,法国总统希拉克提议欧洲创建自己的数字图书馆,欧洲一些图书馆也要求欧洲国家制衡Google计划。他们认为,Google正在建设的网上图书馆可能加强美国的话语霸权,未来的孩子将在美国语言、文化和思维主导的环境里成长。因此,必须对Google计划进行"欧洲人的反击",让人们更好地了解欧洲的智慧、历史以及文化科学遗产,并保护文化的多样性。

五、日本数字图书馆计划

从1993年开始,日本政府和信息产业界各大公司都注重数字图书馆的研究与开发,政府更是投入了大量的资金支持这些研究活动。日本数字图书馆的研究活动主要由以下3个项目构成。这3个项目分别是:

(一)数字图书馆联合研究项目

该项目的中心目标是在2002年将日本国会图书馆关西新馆建设成为日本最大的电子图书馆,装备基于ATM的宽带B-ISDN网络。该项目的主要内容是:一是研究和发展下一代数字图书馆系统;二是研究高级影像远程通信应用技术;三是电子图书馆鉴别试验;四是建设儿童电子图书馆;五是承担建设亚洲信息供给系统;六是承担建设国会会议记录全文本数据库;七是承担建设日本学术情报中心电子图书馆系统。

(二)日本导航性电子图书馆项目

这一项目是由情报处理振兴事业协会(IPA)与国会图书馆通力合作规划的。其目标是瞄准21世纪的电子社会或网络社会,建立基本的技术基础结构。该项目前期执行的有两个子项目:一是日本国家联合目录;二是电子图书馆示范性试验。此外,该项目最新的项目有:将7 100件古籍善本、21 000册1868～1921年间的图书、3 000册三次大战期间的图书、20种期刊、260卷国会研究资料、7 000篇历史政治文献、160万页其他国会会议资料等进行数字化。

（三）国会图书馆关西新馆项目

日本国会图书馆关西新馆基本上要求能实现以下 5 项基本功能：一是存储和分别保存国家馆藏；二是成为文献和信息提供中心；三是成为亚洲资料信息中心；四是成为图书馆合作中心；五是从事图书馆与信息科学领域的研究发展与培训工作。

日本政府非常重视数字图书馆的研制，并投入约 50 亿日元经费建设若干实验型数字图书馆项目。1990 年，日本国会图书馆（NDL）开始启动"关西图书馆计划"，预定2002 年完成一期工程，其目标是成为日本最大的数字图书馆和亚洲地区的电子文献信息中心。主要研究内容包括：研制一套信息资源数字化处理系统；广泛收集和使用各种载体的文献；建立一个与国内外数据库相连的现代化数据库系统。

1994 年，日本政府投资 1 700 万美元实施试验性电子图书馆项目，目的在于为未来的数字图书馆提供一种模型以及技术基础，进行探索性试验与研究。这一项目由情报处理事业振兴协会（Information Technology Promotion Agency，简称 IPA）与日本国立国会图书馆（The National Dite Library）合作执行，并在神奈川县建立了一个信息基础设施中心（Center For Information Infrastructure），具体负责该项目的实施。国家联合目录网络项目和电子图书馆实践试验项目是试验性电子图书馆的两个子项目。国家联合目录网络不能称为电子或数字图书馆，它独立于未来的电子图书馆网络，是一个资源共享的基础设施。有 27 个图书馆参与了这个项目，其中的 16 个图书馆通过文件传输协议，把各自的增强型 JAPAN/MARC 格式的书目记录传输到网络系统中，由计算机进行集成处理。到 1996 年 5 月，总共集成书目记录 330 万条。

六、加拿大

尽管加拿大数字图书馆的建设要晚于以上几个国家，但是其发展的速度与建设经验都有值得我们借鉴的地方。

加拿大数字图书馆的发展项目是以国家图书馆为主，联合 50 多家图书馆，成立了加拿大数字图书馆联盟，开始实施"加拿大数字图书馆首倡计划（CIDL）"，这是加拿大最重要的一项计划。加拿大数字图书馆的发展项目的主要目标有：进行不断增多的数字图书馆项目的交流和宣传；评价数字图书馆项目，推荐典型案例，发布有关数字图书馆的标准；探索更好的方法进行机构间的协调，避免数字化的重复劳动；促使数字图书馆资源内容国际化；在当前版权法的框架内考虑和解决知识产权问题进行探索；协调和沟通从信息创造到信息存档整个知识生命周期中各个环节的参与者之间的联系，如，信息创造者和出版者、技术及基础设施提供者、档案馆、博物馆和文化机构，以及各部委、省、市、地区的政府机关等；提高加拿大数字图书馆在国际上的形象等。此外，该计划还汇集了国家图书馆主持和参与的 30 多项计划。

七、其他国家

德国、澳大利亚、新西兰、新加坡等国也相继在 20 世纪末期提出了国家数字图书馆的发展计划。如德国的"科学图书馆的现代化和理性化""电子出版计划"和"回溯资料的数字化计划"等项目；澳大利亚的"国家图书馆和博物馆的数字化项目"；新加坡的"2000年图书馆发展计划"等。

对以上各个国家的数字图书馆的发展状况进一步分析，可以发现国家数字图书馆的研究与动作呈现以下几个方面的特点：

（1）各国在数字图书馆项目或其网络工程中，均由国家投资建立不同规模的数字图书馆试验基地，为直接取得第一手经验，提供了充分的试验条件。

（2）组织国家级的资源单位，如国家图书馆、国家档案馆、国家博物馆等，将其珍贵的历史文献资源，发展为数字资源库，并通过互联网向全世界传送。

（3）组织国家资源建设，重点建设各国的历史珍藏资源，发展多媒体资源库，利用现代化手段向国民进行生动的爱国主义教育。

（4）在数字化资源建设中，各国都是从历史珍藏、古籍善本和一些没有版权争议的文献资料入手，充分体现了保护作者著作权的法律意识。

（5）政府信息的数字化资源在先进的发达国家和中等发达国家中取得了优先发展，促进了政府与国民的沟通。

第四节 美国数字图书馆创始工程

美国在数字图书馆建设方面起步早，特别是美国数字图书馆创始工程（Digital/Library/Initiative/Projects-DLI），是美国国家信息基础结构（NII）建设的领头羊，在世界上处于领先水平。美国数字图书馆创始工程（DLI），于 1994 年启动，1998 年完成第一期工程（简称 DLI—1），耗资 2400 万美元。同期，又启动第二期工程（简称 DLI—2），投入资金 6 000 万美元。DLI—2 由美国国家自然科学基金会（NSF）、国防部高级计划署（DARPA）、国家航空航天局（NASA）、国会图书馆（LoC）、国家医学图书馆（NEM）和国家人文科学基金会（NEH）联合发起。合作者包括国家档案记录管理局和史密斯索尼亚社会事务机构。

一、DLI 的目的

主要目的是解决因特网上专题信息查询、异构信息资源间的互操作以及大规模分布数据的操作机制等基础体系结构问题。其基本目的是为基础研究领域的领先者提供下一代数字图书馆的发展情况，以提高全球分布式网络信息资源的利用和可行性。鼓励当前和新的研究组织把重点放在创新应用领域。该工程以国家自然科学基金会的研究方向和需要为中心，计划选择性地建造和扩展有发展前景的数字图书馆领域的研究和实验基地；加速数字内容的开发、获取、收集和管理；为数字图书馆开发新的能力、创造新的机会，为已有的和新用户群提供服务，其中包括各种水平的教育；促进对人与数字图书馆之间在各种社会和组织背景下进行的交互活动进行研究。

二、DLI 的宗旨

数字图书馆通过创造一种信息环境来提供获取分散存贮着的信息的智能途径，这种环境远不止提供通过电子途径去获取原始数据的功能，它提供更高级的智能途径，即获取电子收藏中所含的更全面的知识和意义的途径。

DLI-1 将重点放在了技术力量很强的六大项目上，主要在计算机科学与信息科学，与DLI 相比，DLI-2 放在技术研究课题上的注意力缩小了许多。DLI-2 的重点远远超过原来DLI-1 所分布的学科范围，DLI-2 强调以下方面：相互合作能力和技术综合能力、对内容和收藏的发展与管理、应用和操作的基础结构以及对在特定专业领域、在经济、社会、国际环境中的数字图书馆的理解。DLI-2 将各个领域（不仅是科学与工程，而且有艺术和人文科学领域）的学者、实际应用人员、学习者都动员起来。DLI-2 主要项目有三大方面，即研究、试验基地和应用、本科教育试验基地和应用。

三、DLI 的研究内容

DLI 的研究内容包括以人为中心、以内容和收藏为中心、以系统为中心的研究试验基地和应用方面：这主要是强调数字图书馆试验基地的发展，以用于技术测试、演示、检错，而且作为各专业领域的模型资源。与本科教育计划交叉的试验基地和应用产品，主要有：数字图书馆在 SMET 教育中的应用，数字图书馆能力技术研究，总的政策研究。

根据以上三方面的重点，经过严格论证，在 DLI-2 在 1999 年夏正式宣布了一批中标项目，中标项目的数目大大超过第一期项目，同时在很大程度上实现了 DLI-2 设计者所期望的范围。详情见 http：//www.dli2.nsf.gov/projects.html。

四、DLI 的研究重点

（一）以人为中心的研究

以人为中心的数字图书馆研究是为了"增进对数字图书馆在推动人类创造、搜寻和利用信息的活动方面的潜力和影响的认识，并推动以此为目的的技术研究的发展。"

第一方面是研究对大量信息进行搜寻、获得、加工和表述的算法、思路和软件，如在复杂的信息空间中对信息进行利用所需的导航和浏览软件，根据内容、结构和相互关联对图像和视频信息进行智能搜索、过滤、摘要所需的技术和软件，语义搜寻理论和模型，跨语言信息存取和数据服务等。

第二方面是研究智能化的用户界面，如具有互动特性的用户与系统之间的学习和适应过程，满足人类需求的自动化和智能化的软件机器人，信息的提供和可视化等。

第三方面是包括人机互动和以人为中心的交流在内的系统可用性研究，对有特殊需求的用户群和机构的研究，数字图书馆在教育、学习、提高人的能力方面的应用研究等。

第四方面是研究数字图书馆、经济和社会的关联，如对分布式的网络信息环境中出现的新社会和人文科学问题的研究，社会情报学（Social informatics）研究，新的信息环境下对图书馆、大学、中小学校和其他研究机构所扮演角色和所提供服务的研究，决定数字图书馆的利用情况、公众接受度和对其投资状况的因素的研究，在推进学术交流方面可资利用的方式和媒体的研究等。

（二）以收藏及其内容为中心的研究

此方面研究的目的在于增进对新形式的数字藏品及其内容的认识，并推动对其存取方面的研究。现有收藏的常规数字化或转化不是 DLI2 研究的重点。

第一方面是为有效地获得、整理、保存和表述信息所进行的研究，如文本、非文本信息及其衍生物的新颖的数字化表述方式，对信息进行解释、索引、摘要和编目的智能算法和系统，以内容为基础的图像识别、自然语言分析，智能化的文本处理和文档管理，信息对象和文档间的结构和关联，创造和转换数字对象的有效方法等。

第二方面是对保存和表现数据元素与收藏之间关联的方法、元数据种类和标准进行研究。

第三方面是研究有关的技术、方法和程序，以处理与数字化藏品的创造和使用有关的社会、经济和法律问题，如知识产权管理、保密和安全、数字环境下的出版业、有著作权的文献的收费机制等。

第四方面是研究开辟新的教育资源和教育途径，创造新的学习环境，如开发为各种层次的科学技术教育服务的新资源、适用于不同用户群的交互式的教育工具和界面等。

（三）以系统为中心的研究

这一方面主要是研究与信息环境各个部分相关的技术，并对其进行整合，这个信息环境应是动态、灵活的，能够根据用户指定的结构和大小，对大量的、无组织的、持续增长的数据进行处理。其研究内容主要包括新的信息环境下的开放的网络化的结构研究，它应能够支持复杂的信息存取、分析和协同工作；系统的大小可变性、联盟、可扩展性和可组合性等方面的研究，并对系统性能进行评估；研究与数字图书馆相关的网络、通讯和中间设备，与高带宽相适应的协议、元数据服务、服务的可靠性和完整性、服务支付模型的质量等。

五、DLI 的研究项目

DLI-2 目前共有六个研究项目，还会进一步扩展。下面对其进行简单的介绍。

（一）专家选择利用信息的轨迹研究及其利用

此项目由俄勒冈健康科学大学的科学技术研究生院负责，对医生在看病时选择和利用病历信息的行为进行研究，促使他在医病时所用知识能为他人所用。病历在时间、空间和内容上都是很复杂的，医生在医病时，对病人病历仔细研究，剔除不相关信息，选出与病症相关的信息，她对病历信息所做的取舍对后来为相同病症利用病历的医生很有帮助。

此项目的研究内容一方面是对医生利用病历解决临床问题的过程进行描述，如在纸张型和数字化的病历中，各有哪些线索或病历属性（如文档形式、外观、清晰度和别的医生利用此文档的历史等）为医生所用；病历的数字化对医生利用病历有何影响；可以为医生利用数字化病历提供何种工具代替其使用纸张型病历时所用的书签、在病历封套上作记录等手段；专家如何判断自己是否已经获得足够信息，这与获得的信息量、信息复杂程度和病历媒质有何关系；专家如何把所得信息进行组织、综合，病历媒质对此有何影响？

另一方面是研究病历信息的过滤技术，以获取对解除病症有用的信息，按易于摘录和处理的原则，对信息进一步过滤选择，对这些可能来自不同医生的病历信息进行语义整合，并研究相关技术，从病历信息中只选择规则的结构化信息，为数据库方式的存取和查询服务。还将研究机器学习技术，从非结构化的文本中抽取规则的结构化信息，对文本内容进行描述。

（二）图像传播中的安全研究（TID，Trusted Image Dissemination）

本研究项目的负责单位为斯坦福大学计算机科学系，目标是研究图像过滤技术和方法，如为安全或隐私起见，对医学信息包括含有文本的图像信息，进行更彻底的过滤。TID 将以图像中的文本信息作为研究重点，其前身为 TIHI 和 SAW。TIHI 设计了称为"安全维护者"的软件工具，允许合法的外部用户远程登录一个医学研究机构获取信息，但同时对一些内容进行保护。TIHI 的后续研究为 SAW，研究对制造业中数字化信息包括图像信息（如图纸）的保护。

当前的 TID 研究以数字化的医疗信息为研究对象，但其应用的原理、方法具有普遍意义。斯坦福大学的研究大多基于参数化的微波（Parameterized Wavelets）技术，其试验结果表明，这种微波转换分析能够满足对图像的索引和搜寻，其过滤功能快速而可靠。

其研究项目的重点是进一步改进以微波技术为基础搜索医学图像数据库的算法，推动从多媒体医学数据库中摸索图像和相关文本信息的技术的发展；从搜索到的图像中抽取文本信息；研究与医学图像的安全保护有关的规则，进而改进"安全维护者"，并根据规则研究自动编辑医学图像的技术，发展和调试对数字医学图像进行手工编辑的工具；进一步研究安全维护者的网上用户界面。

（三）棉质藏品的 2D/3D 重建

本研究项目由肯他基大学的计算机系和英语系负责,将根据人文科学研究人员的要求,研究新颖有效的方法,对英国国家图书馆的棉质藏品中逐渐老化和已损坏的原稿进行修复、数字化和编辑,使其变的完整可用,为这些原稿提供一个电子版,并将其作为图像来进行检索,建立一个新的数字化图书馆。尤其是将涉及如下三个方面的研究。利用新颖的光照方法和 2D/3D 数字图像加工算法,对原稿中人工难以识别的部分进行恢复。

研究新的描述方法和结构化的信息,对数字化后的原稿进行检索。这种描述方法应满足对图像本身进行快速有效检索的要求。在对图像进行编辑的过程中,结构化信息如文本、评注、原稿不同部分的关联、对图像特定部分进行修复所遵循的规则等,会被添加到数字化后的原稿收藏中,进而有利于对原稿的理解和检索。

特别地为人文科学研究人员开发特定的工具,利用它对数字化后的原稿(高分辨率的图像)进行编辑,使人文科学研究人员能够从数字化原稿中有效率地收集复杂的版本。

该项研究用为 SUR(Shared University Research)的一部分,已经得到 IBM 的大力资助。而与英国国家图书馆的合作,使得该项目能接触高价值的藏品和原稿,听取该图书馆专家意见,使用该馆数字化所需设备。

（四）WWW 上自动化参与“图书馆员”

该项研究由华盛顿大学计算机科学系负责,其研究目标是设计网上的“软件机器人”,它作为与传统的参考图书馆员相类似的网上的自动化参考“图书馆员”,并非“流体力学”等专业知识的专家,但对网上的信息源有较深的了解,能帮助用户在网上找到高质量的用户所需专业信息。

该小组计划中的“软件机器人”由四部分组成,“用户界面”对用户的查询语句和选项进行规范化;“结果合并”负责搜集信息源返回的回复,去除重复条目,把结果进行整合并返回到“用户界面”部分;“并行的 Web 界面”部分负责从 Web 下载 HTML 页面,向 Web 发出查询请求,从各信息源搜集结果。“Harness”包含许多称为“Wrapper”的程序,每个“Wrapper”对一个特定的信息源进行了描述。“Harness”收到用户的检索请求后,根据各“wrapper”将其转化为各信息源(如图中的 Lycos)所能理解的格式,送到“并行的 Web 界面”。

此项目的研究包括三个方面:

第一方面是自动化的建立“Wrapper”,对各信息源进行描述。首先在如 search.con 类的搜索引擎和 Search Broker 中抽取专业科技信息源,建立信息源数据库。其次是在语义网络基础上,对信息源进行分类,把信息源与“语意网络”中的一个或几个节点建立关联。再次是提高软件机器人的检索能力,把查询语句的各部分与信息源页面上的不同表格良好的对应,并提高机器人对回复的分析能力。还将建立信息源速度(打开 Http 链接的时间、数据平均传输速度)、可靠性(拒绝访问或超时的概率)的统计数据。

第二方面是为用户的查询请求选择适当的信息源，以减轻网络负担，减少不相干的回复。查询语句一般包含技术化的单词或短语，它们与查询的主题类别进而与适当的信息源有极为密切的联系，利用大量的在线技术词典和数据库，可把这些单词或短语与其主题类别联系起来，如"Precordial Capnograph"属肺用药物。把语义网络作为贝叶斯网络处理，可在语义网络中找到与上面标注后的查询语句最相关的可搜索主题。

第三方面是在潜在的信息源确定后，对一些信息源推迟访问，以降低信息源和网络的负载、查询费用，目标是以合理的时间和费用来获得所需信息：给定 N 个信息源，每个信息源都由三个变量（操作时间、费用、提供所需信息的可能性）来描述，根据不同的目标函数，利用运筹学知识对访问各信息源的顺序进行优化。

（五）为社会科学服务的实验图书馆

此项目的任务是设计进行社会学与经济学实验所需的软件系统，并将其置于互联网上，从而建立基于互联网的实验图书馆，促使得研究人员只要与互联网相联就能利用该图书馆进行社会学和经济学的实验工作。

当前的电子实验室的不足表现在四个方面，首先是电子实验室的建设与维护费用高，使得一些实验无人来做或研究人员太少；其次，电子实验室所需软件的开发占用时间长，而且软件常过于专业化，缺乏灵活性；再次，很少有人重做实验对实验结果进行检查；最后，电子实验室大都用在校大学生作为实验对象，抽取的人口样本很狭窄。计划中的实验软件由专业人员开发，尽可能满足多种实验需求，它们将作为共享软件放在网上，使得实验成本大大降低，其实验对象可跨越国界、文化和意识形态，进而较好地解决了上述四方面问题。

该项目的研究由一个中心、两个实验室负责。其中心位于南卡罗莱那大学，负责统筹管理此图书馆的设计和建立工作，并对图书馆的表现进行评估。其任务包括：服务器的维护、实验图书馆的模块结构设计、站点的建立与维护、实验图书馆系统软件与各中心的实验应用软件的相容性研究等。

"交易网络"实验研究小组位于艾奥瓦大学，研究如何用 JAVA 语言把南卡罗莱那大学研究"交易网络"的基于 Windows 的电子实验室软件 ExNetII 进行改进，使之能在网上应用。

经济学实验研究小组位于佐治亚州立大学，进行"环境危害评估"方面的实验。当前，已经可以与中国、墨西哥、俄罗斯和南非等国家进行联合实验。此实验所需软件放到网上进行后，实验对象的样本将更有普遍意义，结论更有普遍性。

社会—经济学（Socio—Economics）实验研究小组位于南卡罗莱那大学，在"有限理性"假设的基础上，研究市场、交易情形下的理性和利己理论，分四个方面进行实验：有限理性、公平与正义、frming、评估／影响（valuation/influence）。

第六章　数字图书馆的读者推广与利用

第一节　数字图书馆阅读推广模式

在人类的科技进化到能够通过"注入"或遗传方式直接获取别人的知识之前，阅读是最重要和最主要的由社会知识转化为个人知识的途径。图书馆作为传统社会中社会知识的主要保存地和集散地，对于阅读的巨大作用和意义难以估量。从某种程度上说，图书馆是为了阅读而存在的，而阅读也因为有了图书馆而得以持续和丰富。

在数字时代，人们的阅读行为正随着知识载体和传播方式的变化而发生巨大的变化，阅读方式、阅读对象、阅读结构和阅读规模等四个方面早已今非昔比、日新月异，取而代之的移动阅读、全媒体阅读、碎片化阅读和社会化阅读正在成为一种潮流和趋势，人们也越来越注重阅读体验。图书馆不得不随之转型，一方面继续维护着人类有史以来珍贵的文字遗产，成为传统阅读的保留地；另一方面又要努力跻身于数字阅读开拓者的角色。目前，正在兴起的各类与网络阅读、移动阅读、社会化阅读有关的阅读模式，让我们看到了图书馆在数字时代依然丰饶，依然厚重，不可或缺并大有可为，图书馆正在使阅读变得更加精彩。

一、阅读推广理念

阅读推广活动从本质上可以归结为一种传播活动，符合传播学的一般原理。很多传播学理论可供图书馆阅读推广借鉴参考，例如，卢因的守门人理论、施拉姆的传播模式论和霍夫兰的个人差异论等。特别是著名的拉斯韦尔五 W 模式理论，将传播过程分为五类要素：Who（谁）、Says What（说了什么）、In Which Channel（通过什么渠道）、To Whom（向谁说）以及 With What Effect（有什么效果），这一理论不仅是很多传播学模式的基础，也完全能够用来总结和解释图书馆阅读推广的整个过程。

根据传播学理论，任何阅读推广活动，不外是对推广主体、阅读者、阅读对象以及推广媒介等要素在一定时空范围内进行一定的设计、组合、组织和配置的结果，通过它们之间的相互作用，达成诸如"促进知识分享、提升精神层次、获得有用信息以及愉悦身心"等阅读目的。据此，阅读推广所涉及的诸要素可以做如下分析：

（一）Who 的问题

阅读推广主体回答的是"谁来进行阅读推广"（Who）的问题。它可以是任何社会组织或个人，如政府机构、出版社、读者俱乐部、民间团体、名家名人等，本文主要探讨图书馆的阅读推广活动，因此，主要以图书馆作为主体进行研究阐释。

（二）To Whom 的问题

阅读者解决"向谁推广阅读"（To Whom）的问题，是图书馆等主体希望施加影响产生效果或达到目的的对象。例如普通市民、少年儿童、残障人士或其他任何特定人群。他们虽然是阅读推广活动的客体，然而却是阅读的主体以及阅读活动最重要的参与者，他们是图书馆赖以生存的基础。正由于图书馆面临着读者在数字时代不断流失的危险，阅读推广才显得尤为重要。

（三）Says What 的问题

阅读对象主要是指阅读的客体，解决的是"推广什么"（Says What）的问题。阅读对象通常是各类文献，包括图书等传统文献、以数字媒体形式出现的各种载体，及近年来还出现了把"人"作为"阅读对象"（如 Living Library）等。

（四）In which Channel 的问题

推广媒介即是指用以开展推广活动的文案、工具、平台、媒体等，解决的是手段问题（In which Channel）。常用的如推荐书目、书评书摘、导读文章、新书推介、电视节目、媒体报道、网络短片等，近年来还兴起了通过网站、QQ 群、圈子（社会网络）、微博等载体进行推广。

（五）推广设施

即与阅读推广活动密切相关的物质条件或硬件系统等，是推广手段（In Which Channel）的重要组成部分。如流动图书馆、自助图书馆、自助借还设备、书报亭、电子书阅读器、平板电脑等等。正是这些特殊的设施设备，体现了图书馆阅读推广的特殊性和创造力。

目前，阅读推广的效果评估是比较薄弱的环节之一，应用上述传播学理论和模型正可以在这个方面进行借鉴和加强，以取得更好的效益，更好地实现各类阅读推广活动的目的。

传统图书馆的阅读推广活动有着丰富的形式，如读书节、读书会、征文比赛、知识竞赛、阅读论坛、推介展览、名家解读、立体阅读、图书漂流、评选阅读达人、举办晒书会等等，都可以采用该模型进行分析比较，而得优化提高。到了数字时代许多新的阅读推广式开始崭露头角，所涉及的因素更为复杂但是万变不离其宗依然可以运用上述模型进行分析。

图书馆的阅读推广活动，只有在应用和总结了一定的理论之后才能得到实质的进步和本质的提升，这同样的道理在大众传播领域的发展已得到了很好的印证。

二、阅读推广模式及案例

（一）社会化媒体推广模式

人们一般将基于社会性网络（SNS）的 web2.0 应用称为社会化媒体，典型的如博客、微播客、维基社交网络和内容区（如豆瓣、优酷）等。近年来随着图书馆 2.0 的发展，越来越多的图书馆开始应用社会性网络进行阅读推广，如，清华大学在人人网上成立图书馆俱乐部——清华大学图书馆友会等。我们可以把利用社化媒体进行阅读推广的模式都统称为"社会化媒体推广模式"。下面以首都图书馆利用微博的实践为例，管窥如何借力社会化媒体开展阅读推广。

案例：首都图书馆利用微博参与"图书交换大集"

2011 年 4 月，首都图书馆将"分享阅读"系列阅读推广活动之一的"图书交换大集"活动搬上了微博平台，而且在新浪微博中创建了"首都图书馆图书交换大集"的"微活动"。首都图书馆和活动参与者利用微博平台互动与呼应，不断发布与上传活动的文字与图像等。据笔者的统计，有关"图书交换大集"的新浪微博共发布 238 条。而这期间，首图微博"粉丝"人数也从不到 1000 人迅速飙升到 20000 多人。

在利用微博宣传的同时，首都图书馆利用豆瓣网和同城网等多种社会化媒体工具协同开展宣传攻势，进行同步推广。截至 4 月 22 日，共有 350 余名读者交换书刊 3000 余册。

23 日当天，收到的交换图书总量共 6000 余册，全程累计 1000 名读者参与其中，人民日报、中国青年报、北京日报及中华读书报等等媒体也都对此次活动予以了专题报道，取得了超出预料的良好效果。

正如首都图书馆负责人对这一活动的总结："我们不遗余力地利用微博等新手段、新渠道来扩大图书馆的影响力，就是要改变人们的这种印象，吸引更多人尤其是年轻一代走进图书馆、利用图书馆。"

首都图书馆"图书交换大集"的成功举办，是图书馆运用微博等社会化媒体进行阅读推广的经典案例。该案例模式，就是以首都图书馆为推广主体，以微博为推广媒介，以广大的普通市民为阅读者，通过图书交换进行交友交流，并阅读到更多的图书。这类模式中，图书馆工作人员一般作为推广主体，网民是客体，社会性网络工具作为媒介平台，推广图书、阅读资讯及服务，取得了良好的社会反响。

近年来，微博大爆发"领跑"网络应用，而微博在图书馆界的应用也迅速普及，如，国家图书馆、杭州图书馆等图书馆，重庆大学、清华大学等高校图书馆，立人图书馆等民间图书馆均纷纷开通了微博。

以杭州图书馆为例，2010 年 12 月开通新浪微博之后，截至 2011 年 8 月底，共拥有了 9 400 多位粉丝，共发送微博信息 3356 条，平均每日发布微博十几条，其中不少内容都是进行图书推荐、好书介绍、讲座和书展等的推介。与此同时，不少图书馆的馆长们也加入了使用微博的行列。如复旦大学图书馆馆长葛剑雄教授开通新浪微博一年半的时间共发博 800 余条，粉丝群超过十万人之众，使得其微博成为一个巨大的发布平台、媒体平台与社交平台，就图书馆管理与建设等问题与读者频繁互动，有力地宣传与推广了图书馆。

社会化媒体推广模式严格来说还没有形成固定的模式，除微博外，开设博客、维基，在人人网、Facebook、土豆、豆瓣或第二人生里开设账号等，很多图书馆都进行过不少尝试，但目前效果最好的、使用最普遍的还是微博。无论如何，社会化媒体推广正在受到年轻读者的普遍欢迎，值得积极探索。

（二）电子阅读器借阅模式

据 2011 年 4 月 "第八次全国国民阅读调查" 揭示，传统纸质媒介阅读率稳健增长，数字阅读接触率强劲增长。在各类数字化阅读方式中，电子阅读器的接触率增长幅度达到了 200%，增幅最大。而 2010 年，我国国民人均阅读电子书 0.73 本，共阅读过电子书 6.13 亿本。伴随着强劲的数字阅读潮流，一种新的阅读方式——电子书或电纸书阅读应运而生成为潮流，图书馆作为阅读推广的最重要的阵地，当然不能缺席。

案例：上海图书馆推出电子阅读器外借服务

2009 年 2 月，上海图书馆正式推出数字移动阅读器即电子阅读器外借服务，成为全国首家提供此类高端服务的图书馆。提供外借的电子阅读器能够下载和储存数千种 "电子读物"，可供选择的图书为 24 万册、10 万种。

电子阅读器外借服务的推出，直接推动了电子图书的阅读，有效地提升了图书馆文献的使用率。目前，上海图书馆可外借的电子阅读器库存量是 360 台，但阅读器的外借供不应求，外借率甚至一度达到 100%，每台汉王的阅读器后面都有人在等候排队，有的读者宁愿付逾期费也不愿意及时归还。

正如上海图书馆副馆长周德明所言，推出数字移动阅读器外借服务，"主要是让读者多读书、读好书"，让读者足不出户、借阅图书。

该案例以上海图书馆为推广主体，以电子阅读器为推广媒介，以能满足一定条件的读者（拥有参考阅览证的读者）为阅读者，让读者体验数字阅读，提高信息素养，弥合数字鸿沟。无论是满足读者尝鲜的愿望，或者是比较不同阅读器使用方法，还是解决一些弱势群体读电子书的需求，电子阅读器外借服务的推出，突破了传统外借文献载体和形式的制约，满足了不同人群的阅读需求，不失为一种新型的阅读推广模式。

外借电子阅读器业务在图书馆界曾经有过一些争论，然而目前电子阅读器的外借服务已经成为很多图书馆的通行做法，使得这种模式具有了一定的普遍意义。据美国《图书馆杂志》（LJ）与《学校图书馆杂志》（SLJ）于 2010 年 8 月针对电子书在图书馆的使用作的一个调查，使用电子阅读器设备（预装内容）的图书馆，大学图书馆为 12%，另有 26% 正在考虑；学校图书馆为 6%，另有 36% 正在考虑；图书馆为 5%，另有 24% 正在考虑。他们使用的阅读器多为 Kindle、Sony、iPad 和 Nook 等。而国内，继上海图书馆之后，另有国家图书馆、广州图书馆、暨南大学图书馆等也纷纷推出了电子阅读器的外借服务。

该模式在实践中也遇到了一些问题，如碍于有关部门的管理规定，图书馆常常无法将电子阅读器当作信息资源进行采购，所提供的电子阅读器数量有限，存在品牌与型号都供不应求的现象。还有损坏的赔偿问题、内容的数字版权管理的限制问题、电子书平台的互操作问题等等。

目前，提供外借的电子阅读器数量和种类正在不断增加，供阅读的电子书也更易获得，如美国已有亚马逊公司通过 11000 家图书馆向用户提供规模化的电子书借阅业务。电子阅读器借阅模式正在崛起，将更有效地推广阅读服务，更好地提升图书馆的服务能级。

（三）移动图书馆推广模式

移动图书馆是指通过智能手机、Kindle、IPad，Mp3/Mp4、PSP 等移动终端设备（手持设备）访问图书馆资源、进行阅读和业务查询的一种服务方式。与上述"电子阅读器借阅模式"所不同的，移动图书馆注重的是数字化内容的推介，阅读器之类的移动设备在这里只是一种推广工具（设施），其负载的数字化内容才是推广的最终目的。移动图书馆能够整合不同的平台，打破内容的瓶颈，提供不竭的资源，真正使阅读无所不在。因此，移动图书馆服务应该是未来数字图书馆阅读推广的主要阵地。

案例：西安交通大学图书馆开通移动图书馆服务

2011 年 7 月，西安交通大学移动图书馆正式开通。交大用户可以通过各种手持移动设备，如手机、iPad、PAD、PSP 等，登录图书馆网页，随时查询、浏览、阅读和获取图书馆的资源和服务，包括：个人借阅信息查询、在线各种资源信息查阅、全文阅读、图书馆最新消息和短信提醒（包括图书到期催还、讲座通知等）。

通过移动图书馆，可以方便地检查并阅读数字图书馆内上百万种图书、CNKI 等期刊全文。据西安交通大学图书馆对利用移动图书馆的读者进行的调查，师生认为，"方便在手机上阅读电子书。感觉最好的两个功能是书目推荐和电子书阅读""移动图书馆非常有用，可以有效利用好平时的片段时间进行阅读了。"对现有的移动阅读功能，读者希望阅读后可以进行评价、推荐和交流，以及有好书导读和图书分类功能等。

西安交通大学的移动图书馆是移动图书馆的最新实践之一。在该案例中，西安交通大学图书馆作为推广主体，移动服务平台作为推广媒介，交大的教职员工和学生是阅读者，推广与体验无所不在的数字阅读。

近年来，国内有不少图书馆也陆续开展了移动图书馆服务。如清华大学的移动图书馆测试及国家图书馆的"掌上国图"等。值得说明的是，目前的移动图书馆在功能、性能、稳定性、支持的设备和用户体验方面与数年前推出的同名服务已不可同日而语。当年的移动图书馆主要是通过短信平台向读者推送借书到期、预约借书等提醒服务和信息公告等内容，或者是极其简单、用户体验不是很好的 WAP 网关访问，而目前的移动图书馆主要是在手持设备上检索（甚至跨库检索）和查看图书馆内的各类数字化资源，包括中外文图书、期刊及学位论文全文阅读等，真正实现了移动阅读。毋庸置疑，目前的移动图书馆，在与各类网络应用双向融合，及结合Web2.0的交互式功能和用户创建内容方面，还有一定的改进空间。

在移动阅读方面，一些以盈利为目的的信息内容提供商觊觎已久，甚至捷足先登，如，亚马逊网上书店、"Google Books"、新浪"读书"、盛大"云中书城"以及不可胜数的各类频道和Apps应用等，涌现了各种商务模式。而图书馆作为保障知识公平获取、提供普遍均等服务的公益性组织，与这些服务并没有利益上的冲突，完全可以开展与信息内容提供商的合作。

上述三种推广模式，尽管推广的媒介不同，针对的阅读群体不同，推广的方式方法也有很大差别，但其推广的目的一致，都是为了促进各类文献资源的利用，扩大阅读的受众，让读者更多地利用图书馆，更便利地获取信息资源。

与传统阅读相比，数字时代的阅读在方式、途径、规模和特征上都呈现出巨大的不同，其推广方式也应有相应的改变。其中最大的不同在于内容与载体的分离，造成各种阅读介质（以及传播渠道）之间存在复杂的竞争关系，同样的内容能以多种不同的形式，经由不同的媒介，通过不同的渠道传递给用户。图书馆不得不首先应付这些载体与媒介，为读者进行选择和整合。从上述阅读推广的例子都可以看到信息内容和载体（包括渠道）所呈现出的这种复杂关系。

随着数字阅读相关技术的普及和各类应用的普遍开展，更多更好的阅读推广模式将会不断呈现。而图书馆能否像在传统社会中一样，继续做好知识中介和看门人的角色，很大程度上依赖于图书馆的阅读推广工作，以及能否从中获取足够的经验，不断改进和完善图书馆的服务。凯文·凯利说，在数字时代，图书并没有死，只是换了一种活法而已。问题的关键在于我们怎样定义图书。图书作为阅读的对象，一直是人类理性的固化和智慧的积淀，载体只是其外形，内容才是它的根本。因此，数字时代所带来的绝不是阅读的末日，而是阅读获得重生的机会，使阅读拥有了更为自由的翅膀。我们研究数字时代图书馆的阅读推广模式，就是要打造飞翔的翅膀，让读者在阅读的天空中更加自由地翱翔。

（四）基于网络读者活动的阅读推广模式

数字化阅读作为一种全新的绿色阅读形式，正在改变着人们的阅读习惯。数字图书馆本身具有的功能很多，资源也很丰富，但是因为缺少了宣传与推广，许多优秀的数字资源没有得到用户有效的利用，导致资源的浪费。因此，做好数字图书馆的阅读推广工作，帮助读者了解数字图书馆的功能、性质和作用，让越来越多的读者走进数字图书馆，更充分、更自主、更便利地使用丰富的数字资源显得尤为重要。近年来，笔者一直致力于网络读者活动的研究与实践，尝试将传统的读书活动进行数字化操作，利用网络来开展形式多样的读书活动，此举不但使广大参与者感受到了网络的便捷，同时也提高了读者的信息化素养，让他们在活动中更直接更系统地认识了数字图书馆，并逐渐成为数字图书馆的忠实读者。

1. **网络读者活动的特点**

网络读者活动就是依托网络平台，将传统读者活动移至网站上开展的读者活动。与传统读者活动相比，网络环境下信息传递速度快、影响面广，读者活动发生了鲜明的变化。

①覆盖面广：传统读者活动中，读者通常是通过广播、电视、报纸等新闻媒体、图书馆的阵地宣传及读者口口相传的传统信息传播方式获取活动信息，信息受众具有较大的局限性，活动覆盖面通常局限于本地区。而在网络环境下，读者活动信息是通过数字图书馆网站来发布的，读者只要登录网站，即可浏览到图书馆的读者活动信息，而不受时间和地域的限制。以鞍山市图书馆为例，参加活动的读者范围不仅包括鞍山本地，更有许多省内其他城市甚至有甘肃、江苏、安徽等外省读者参加。

②手段现代化：网络的出现打破了读者活动在时间、空间上的局限，网络读者活动的组织可借助网络视听设备、信息传输设备等现代化设备进行，只需一个终端设备，用户就可以在任何时间、任何地点登录图书馆网站，浏览活动信息，根据个人喜好参加相应读者活动。与此同时，网络平台也为馆员与读者提供了更广阔的交流空间，工作人员以数字图书馆为平台，利用邮箱、MSN、论坛、QQ群等就可以同时与多位在线读者就活动的有关细节进行沟通交流；通过网络，读者可以足不出户，通过邮箱、论坛、博客、微博等方式提交个人信息和活动反馈信息。

③形式多样化：网络环境下的读者活动形式同样丰富多彩。所有传统读者活动内容都可以在网上实现。如传统的征文比赛、展览、书画比赛、讲座、报告会、读者调查问卷等，还可根据互联网的优势，策划、组织网页设计比赛、知识竞赛、视频展播等活动。如鞍山市图书馆2012年全民阅读活动中的"我阅读、我快乐"有奖知识竞赛、"阅读、让我们的生活更美好"主题征文、"我看数字阅读"主题调查活动等都是通过网络进行的，并取得了较好的宣传效果。

④投入成本低：与传统读者活动相比，网络读者活动投入的成本更低。省去了报纸广播的广告费、活动通知等资料的印刷费、交通费、信函邮寄费、电话费等经费的投入，节约了活动成本。

⑤互动性强：网络活动具有较强的互动性。活动过程中，读者随时可以通过网络通信就活动的有关问题和工作人员进行沟通，并可以随时关注活动的进展情况及提出自己的建议和意见。

2. **网络读者活动在数字图书馆阅读推广中的作用**

①吸引读者利用数字图书馆资源：读者通过参加网络读者活动，可以了解数字图书馆的资源、利用方式和发展情况。如，鞍山数字图书馆网站的统一检索平台已被读者广泛利用，用户通过这一平台，可以检索到本馆收藏的所有数字文献。2012年图书馆服务宣传周期间，鞍山数字图书馆在网站上开展了"经典伴我成长"图书漂流和电子图书推荐活动，读者在参与活动过程中便会发现，除了活动书籍外，还有更丰富的电子期刊、电子图书、

网上报告厅等数字资源可供检索使用，亲身感受到"网络时代"已经来到自己身边，极大提高了图书馆数字资源的利用率。开展网上读书活动是向社会广泛宣传数字图书馆的一种有效途径。

②壮大读者队伍，提高图书馆的社会认知度：图书馆开展传统的读书活动常常受到时间、地域、参加者年龄等因素制约，活动对象大多以学生和老人为主。而在网上开展读书活动，就能接受更多的群体参与。社区居民、在职职工、学生等各行各业、各个层次的读者都可以根据自己的时间安排参加活动。以鞍山数字图书馆为例，2011—2012年，共开展各类网络读者活动32次，参加读者近10 000人次，参与读者年龄以20～45岁读者居多，占活动总人次的60%以上，读者通过活动了解数字图书馆、走进数字图书馆，并利用数字图书馆。利用网络开展活动，为更多的读者参与图书馆读书活动提供了方便，也使更多的人加入到图书馆读者队伍中来。鞍山数字图书馆在网站上建立了"鞍山市图书馆读者活动QQ群"，读者和工作人员在QQ群里进行沟通、交流、解答咨询，开展信息服务并开展图书漂流、书评等活动，如今QQ群在不断扩大，成员已达200余人，并已成为本馆读者活动的积极分子和数字图书馆服务的义务宣传员。进而扩大了图书馆的社会认知度，壮大了读者队伍。

③有效宣传推广数字图书馆和数字资源：利用网络活动直接宣传数字图书馆和数字资源是数字图书馆阅读推广最有效的手段。鞍山数字图书馆2012年宣传周期间，在数字图书馆网站推出了"走进数字图书馆"专题展览。制作6张数字展板，系统介绍了什么是数字阅读、数字图书馆及馆藏数字资源和使用方法，并发放了100张数字资源体验卡，很多读者通过展览了解了数字图书馆，并成为本馆的正式读者。此类活动的开展，直接促进了数字阅读和数字图书馆的推广。

④提升广大馆员的服务意识和服务技能：随着网上读者活动的不断深入，其对网络技术就会不断提出新的要求。活动越多，读者的要求越高，网络发展越快，活动的形式变化就越快，对馆员的要求就越高。这也是广大馆员不断提高业务水平、加速数字图书馆建设的动力。馆员在这个过程中，不断充实新知识、新技能，提升服务意识为数字图书馆的建设与数字阅读的推广奠定了人才基础。

3. 组织策划网络读者活动，助力数字图书馆阅读

网络读者活动策划，就是指对图书馆网络读者活动进行计划、安排。做好活动的组织策划对于活动的顺利、有效开展起着决定作用。笔者认为，在活动组织策划过程中，应注重把握以下几个方面。

①注重活动的宣传：网站的读者活动宣传是通过网络等媒体来实现的。为保证活动效果，组织者要利用网站、手机短信、论坛、E-mail、QQ群公告、活动海报、宣传单、宣传橱窗、图书馆网站和新闻媒体等途径，发布相关信息，便于读者事先掌握活动的时间、地点、内容和相关情况，吸引更多的读者参加。特别要注重网站的宣传阵地作用，鞍山数

字图书馆网站在页面显要位置专门设置了"鞍图资讯"和"读者活动专栏",定期发布读者活动信息,图书馆读者活动的快讯实时更新,读者点击文字链接,会看到有关读者活动的详细内容,具有较好的宣传效果。

②注重利用新媒体:

a)手机短信:手机短信是图书馆读者活动宣传与推广的一种行之有效的通讯方式。它可以促进图书馆有效地抓住固定读者群体、吸引潜在读者群体。尤其是利用手机短信发布信息,具有时效性强、操作简便、费用低廉、普及面广等特点。图书馆可以定期以短信的形式向固定读者群体发送读者活动信息,如果读者对活动感兴趣,也会向家人、朋友转述或转发,在这样的传播过程中,受众面越来越广。

b)网络邮箱:网络的普及使利用邮箱传递信息、互相沟通联络的市民逐渐增多。图书馆可以利用这一特点,充分发挥邮箱的传播作用。以鞍山数字图书馆为例,该馆分别注册了网易、新浪邮箱,并在各项读者活动中向广大读者公布邮箱地址,促使读者以邮件形式投递自己发表的习作、对图书馆读者活动的意见和建议以及进行征文投稿、调查问卷等,使读者与图书馆的沟通交流更方便快捷,提升读者服务的工作效率。

c)博客:博客是近年来发展起来的传播介质。其以操作简单、空间开放、思想共享、交流互动等特性成为图书馆与读者之间沟通交流的平台。博客的应用,可以拉近读者和图书馆之间的距离,使更多的用户能够零距离地与馆员进行互动。鞍山市图书馆通过博客宣传读者服务活动,使读者可以在博客上直接提交自己所需信息。在这里,读者的意见和建议能够及时传达,图书馆可以直接了解读者的评价和建议,倾听读者心声,采纳读者建议,使图书馆的读者活动开展得更有效。

d)微博:微博是一个信息集散地,它更新快、使用方便、传播面广。图书馆利用微博,能够更好地进行读者服务与推广工作。为更好地宣传推广图书馆读者活动,吸引更多的读者群体,目前众多图书馆开通了微博,取得了较好的宣传效果。

③活动设计要有亮点:亮点是读者活动的灵魂。一项活动能否吸引读者,其亮点是否突出是重中之重。只有提炼一个鲜明的亮点,才能把有关资源整合起来,从而实现活动目标。亮点一般指读者活动环节设计中最精彩、最传神的地方。如鞍山数字图书馆2012年春节期间举办了"知识总动员"有奖知识竞赛,为扩大活动效果和覆盖面,本次活动特别增设了家庭参赛环节,既增强了活动的效果,同时也让参赛家庭成员在参赛过程中浓厚了家庭的学习氛围,成为每个家庭美好的回忆。

④活动形式要创新:开展网络读者活动不是新生事物,但网络读者活动的形式策划却一定要新颖、有创意。活动前首先要明确活动影响的对象是谁,其次要了解活动对象在哪里,再次是要知道用什么形式才能引起他们的关注和参与。2012年全民读书13期间,鞍山图书馆充分发挥网络资源优势,开展了"阅读,让我们的生活更美好"主题征文、"我读书、我快乐"有奖知识竞赛、"我看数字阅读"主题调查、"知识风向标"视频展播、"文化鞍山,全民阅读"百部优秀电子图书推荐、"好书大家读"QQ群图书漂流活动、"绿色

网络"数字图书馆体验 13 等活动。一次大型活动包含多个形式各异、主题突出的活动单元，把读者从枯燥的单一活动中引入丰富的网络世界，收到了较好的活动效果。

⑤活动信息发布要及时：活动信息的发布包括活动前的宣传推介、活动中的信息跟踪、活动后的效果报道等 3 个层次。信息内容要简洁明了、主题突出，吸引受众关注。同时，读者活动信息要及时更新，让读者能够在第一时间了解自己感兴趣的读者活动，协调好自己的时间，参与图书馆的读者活动。活动效果报道要及时。这种信息可以是新闻、活动图片、读者信息反馈等，以引起其他未参加活动的潜在读者的关注与好奇心，吸引他们参加下次活动。

⑥馆员要做网络读者活动的促进者：馆员是图书馆各项业务工作的核心因素。尤其是在网络读者活动过程中，馆员要做活动的积极促进者。要能准确理解读者的需求是什么，并通过一定的渠道将读者需求转换成对应的活动或信息。同时，馆员要在工作实践中不断提高个人的信息素质和业务技能，组织策划更丰富、更精彩的读者活动，吸引更多的读者参加，成为数字阅读的有力促进者。

在新的历史时期，图书馆的社会功能在不断拓展，利用网络开展读者活动，是图书馆读者工作的一个新渠道。尤其是当前，现代图书馆的服务对象不仅是到馆读者，其正在向社区和家馆可以直接了解读者的评价和建议，倾听读者心声，采纳读者建议，使图书馆的读者活动开展得更有效。

第二节　读者推广和利用教育的基本要素

现代信息技术的发展，数字图书馆的建设，使图书馆的内容和形式发生了较大的变化。馆藏范围从印刷资料、缩微资料、视听资料等传统范围，延伸到各种电子出版物、电子信息资源。互联技术的应用使实现联网以后的图书馆可以连接到包括各种商业性电子文献传递（供应）中心、联机检索中心、电子杂志中心以及 Internet 等各级网络。这些外部信息资源虽然不属于本馆自身拥有的资源，但由于通过网络能连接和检索到它们并提供给用户，所以，这种资源无形中也就变成了本馆馆藏的一部分，也即"虚拟馆藏"。数字图书馆馆藏已经变成"实体馆藏 + 虚拟馆藏"，数字图书馆是"无墙的图书馆"。另一种更为重要的变化在于，数字图书馆已不再是传统意义上的图书馆，它是一个国家文明的标志，是国家竞争力的保证。正是这种变化使图书馆读者利用教育出现了变化：传统的图书馆读者利用教育是要教会读者如何利用馆内所藏的图书文献资料，而网络时代数字图书馆的发展，要教会读者如何利用数据库和网上信息资源，要对读者进行信息素养的培养。

现代信息技术的发展，数字图书馆的建设，不仅使图书馆的内容和形式较之传统的图书馆有了较大的变化，也使图书馆读者利用教育出现了变化。数字图书馆读者推广和利用教育的基本要素由读者、活动的组织者、内容和方式等组成。

数字图书馆的读者推广和利用教育有许多不同的方式，在高校可以以系统的、完整的"数字图书馆推广和利用教育"的课程等对师生进行信息素养和数字图书馆的教育。而图书馆由于面对的读者群体比较复杂，受到的制约要多得多。通常，数字图书馆读者推广和利用教育可以有多种形式，其一是可以将数字图书馆利用教育的内容直接呈现给读者；其二是通过组织各种相关的活动，引起读者学习利用数字图书馆的兴趣，然后对读者进行读者利用教育。数字图书馆读者推广和利用教育的要素通常有读者、活动的组织者、内容和方式等。

一、读者

数字化图书馆是通过数字化信息处理、传递与控制实现文献信息资源服务的，其核心是通过数字化的信息处理和网络化的信息传递这种数字化手段促成文献信息服务的完成。数字图书馆的读者服务是建立在数字化技术和网络技术基础上的。当今社会，数字化将使人们获取知识的方式有了巨大变化，人们从传统的主要通过阅读报刊以及文化交流中获取知识转变为更多地通过计算机网络来获取新的知识和信息；数字化使人们的表达方式出现了变化。人们将更加习惯于利用计算机与网络来表达自己，通过计算机来发表自己的观点和看法，传播自己的思想；数字化也将使人们的交往方式出现变化，计算机网络将使人们不受时间、地域、人数等的制约而进行相互交往，进行学术交流等。

数字图书馆的读者面对数字化的环境必须具备相应的计算机素质或信息素质。而据2002 年 7 月 22 日中国互联网络信息中心（CNNIC）公布的中国第十次互联网发展统计报告显示，截至 6 月底，我国平均每周至少上网 1 小时的公民人数超过 4 500 万，仅次于美国和日本，排在世界第三位。尽管发展很快，但相对于 13 亿中国人来说是太少了。

二、数字图书馆读者推广和教育活动的组织者

数字图书馆的发展在知识经济时代的今天，不仅仅是图书馆的事，因为当前信息资源的状况已是衡量一个国家经济发展的重要指标，也已成为一个国家综合实力的指标之一。而一个国家的经济实力取决于科技进步，科技进步在很大程度上取决于信息资源的存取和利用。从微观上看，数字图书馆是传统图书馆的现代化发展，数字图书馆的建设是为了读者能更广泛、更方便、更快捷地获取所需的文献信息，对教育、科学研究和技术的发展具有重要的意义；从宏观上看，发展数字图书馆，有利于我国社会政治、经济的发展，有利于我国在当前全球经济一体化发展的知识经济的竞争和发展中处于有利地位，有利于提高我国人民的科学文化素质和社会主义精神文明建设，也有利于在世界范围内传播优秀的中华传统文化，进而带动我国其他相关产业的发展等。因此，数字图书馆的推广应该有全社会的共同参与，通过普及教育、法律法规以及借助大众传媒等形式，推广应用数字图书馆，激发全民的信息意识。

三、内容

数字图书馆读者推广和利用教育活动的设计，应该表现出来以下的功能：进行读者信息素养的培养，推广揭示数字图书馆的环境与功能，介绍图书馆文献信息资源的类型与结构，以及网络信息资源的组织、搜索引擎等。

四、方式

针对数字图书馆读者的不同年龄、不同教育水平以及不同背景会有不同层次的理解能力，图书馆要花更多的精力提供不同的教育辅导，其方式包括书面指导、个人指导、利用网络多媒体或电视等媒体。

第三节　数字图书馆读者推广和利用教育的内容

数字图书馆读者推广和利用教育的内容在读者利用教育中的重要性体现在对读者的指导，有助于读者了解和使用数字图书馆，唤起读者的信息意识等。它包括读者信息素养的培养，数字图书馆的环境与功能、图书馆文献信息资源的类型与结构、网络信息资源的组织等的介绍。

一、数字化图书馆环境中读者信息素养的培养

读者信息素养作为信息社会公民所需的素养，它是指在当今社会由于信息技术的普及，所有的人都不可避免地要利用信息技术，在日常生活与工作中都有可能接触和利用它。当今社会，一个人如果不了解信息技术就可能远离现代社会。从大处讲，一个国家如果不了解信息及信息技术，那么这个国家就是一个没有希望的国家。了解信息、掌握信息科学技术是现代社会最基本的公民信息素养要求。公民的信息素养应该是信息社会中所有公民应该具备的基本素养。图书馆，特别是数字图书馆在公民信息素养的培养方面具有自己的优势：可以利用图书馆的设备优势、技术优势、人才优势、信息资源优势等对读者进行培训。信息素养的培养是指通过教育使读者取得获取信息、利用信息、开发信息方面的能力和修养。读者信息素养包括读者信息知识、信息意识、信息道德、信息能力等方面的内容。

读者信息知识作为信息素养的重要内容包括对信息技术知识方面、信息的基本内容和特征的基本了解和掌握。读者的信息意识是指读者对信息的敏感度，是读者能够从客观现实中引出概念、思路、计划，用以指导自己的行为，使信息活动具有目的性、方向性、预见性和自觉性。然而我国读者在信息意识方面的缺乏很严重，在 20 世纪 80 年代，美国图书馆每千人中借书率达 4 000 册，而在我国仅 150 多册。在信息意识较强的我国高校图书

馆图书资料的利用率也只有 30% 左右。而据人民网的调查，我国的图书阅读率在有效回答总体中，只有 60.4% 的人每月至少读一次书，即读书率为 60.4%；有 39.6% 的人基本不读书。在 50 万以上人口城市的读者样本总体中，每月读书 1 ~ 4 次的人为 48%；每月读书 5 ~ 8 次的人为 19.1%；每月读书 8 次以上的人为 33%。阅读图书的来源是多种多样的，影响来源的因素也是多样的，有经济的、文化的、环境的等，到图书馆借阅图书的比例仅有 11.6%。虽然我国目前平均每周至少上网 1 小时的公民人数已经超过 4 500 万，仅次于美国和日本，排在世界第三位，但是全民读书意识、信息意识的培养任重而道远。信息道德素养是指在以知识信息为主的社会中，知识信息不仅要在建设社会主义精神文明中发挥引导人民群众、教育群众的巨大作用。而且知识本身是社会生产力、是社会财富的创造源泉。因此，必须遵照科学的信息伦理道德规范，不从事非法活动，要掌握如何防止计算机病毒和其他计算机犯罪的技术。而具有高度的社会责任感是信息道德修养中的首要内容。读者的信息能力包括读者对信息系统的基本操作能力、信息系统软件的使用能力、信息资源的利用能力、信息资源的开发能力和信息系统的开发能力等。

读者信息素养的培养应该强调普及，作为图书馆尤其是图书馆，全民信息素养的培养是她的重要任务之一，图书馆的设备、人才、技术、资源优势将决定了它在信息社会中的重要地位。因为尽管信息素养包括了信息意识、信息知识、信息道德和信息能力的内容，但更多的内容体现在信息系统的操作上，信息素养集中表现在操作能力方面，要求读者最终能自由地操作信息系统。信息素养的培育必须通过大量的操作实践，图书馆在进行读者信息素养的培养时要重点注意实践能力的培养。

二、揭示数字化图书馆环境中文献信息的传递与交流模式、特点

揭示数字化图书馆的环境中文献信息的传递与交流模式、特点，是为了使读者了解数字图书馆的原理和文献信息资源服务的运作方式。数字图书馆信息服务平台是图书馆为读者利用浩如烟海的网络信息资源而建立的，是数字图书馆与读者的桥梁。它具有信息导航的功能，其一是信息查询，通过数字图书馆的门户网站进入互联网，作为信息导航器或搜索引擎，有助于读者查找网络信息；其二是以直接提供给读者信息为主。在数字图书馆的信息展示平台，互联网成为文献信息的传播媒体，通过这个媒体传递着馆藏文献信息、数据库信息、利用状况、研究评述信息等等。在信息展示平台，网络成为数字化图书馆最为表层的信息沟通，图书馆将需要对外发布的信息移至互联网上，开辟了过去从未有的渠道，使读者通过互联网进一步了解数字图书馆。

在数字化环境中文献信息是借助互联网络信息传递模式形成的，通常有主动和被动两种模式。文献信息传递的主动模式是数字图书馆和读者中的任意一方主动向另一方传递文献信息的过程，在现代互联网的环境下主要可以通过 E-mail 的形式进行。当读者需要某一方面的文献信息服务时，他可以通过互联网向图书馆发电子邮件，告诉他们自己需要哪

些方面的文献信息服务包括图书购买、文献原文传递等,并告知图书馆自己的联系方法等等,这是一种主动通过电子邮件提出的服务信息的过程。反过来,图书馆也可以通过电子邮件的方式传递文献信息给读者。当读者通过登记成为图书馆的读者会员或申请了免费电子邮件账号后,就会经常收到通过电子邮件给读者发来的文献信息服务的信息。而所谓被动模式就是那种守株待兔的模式,数字图书馆建立的文献信息服务的网站等待读者访问。这种方式目前在数字图书馆的读者服务中是普遍的模式。然而这两种模式不是绝对割裂的,有效的数字化图书馆读者服务需要两种模式同时使用。在数字化图书馆的读者服务过程中的信息交流,不仅仅是图书馆与读者之间通过电子邮件或 WWW 网站发生,还包括第三方,如出版商、银行、数据库公司、咨询公司等。此外,在数字图书馆中读者还可以通过互联网进入网络社区进行沟通,建立和开通诸如用户聊天室、论坛、电子邮件、个人主页等各种可以让读者参与的内容,使数字化图书馆同时成为一个数字化的读者俱乐部,比单纯的提供读者服务有意义的是,他可以提供读者之间、读者与图书馆之间通过聊天、论坛等方式交流文献信息资源和使用的体会,进而体现数字图书馆的交互性服务特点。

数字图书馆读者服务的特点有:

1. 开放性

基于网络信息技术的数字化图书馆,是一个开放的信息平台,利用计算机软硬件技术实现了数据在不同的计算机之间的相互传递。这就意味着,任何一台计算机都可以遵循计算机之间的通信协议,借助一些设备和其他计算机连接。数字图书馆读者范围更广。

2. 集成性

集成性使数字图书馆的各种信息服务和多媒体应用高度集成,即在同一网络上,可以有多种信息传递,既可以有文字的,也可以有图片、声音、电影、电视等传递;既可以提供单点传输,也可以提供多点传输,实现多台计算机之间的信息传送;同时也可以用来传递各种控制信息,实现远程控制。

3. 高效率

网络信息技术的应用提高了信息处理的效率。数字图书馆将众多计算机通过互联网连接在一起,不断存取、传递信息,使文献信息资源的利用效率大为提高。

4. 实时性

数字图书馆使我们及时了解信息资源的动态,体现了迅速、公开和信息公平的原则。

三、数字图书馆文献信息资源的类型与结构

数字图书馆文献信息资源的类型与结构,包括各种类型文献信息资料的结构、特色和使用方法。数字图书馆的信息资源不仅包括传统图书馆所能提供的文献信息资源,还应能够提供动态的文献信息和通告,并将传统出版物以多媒体和超文本方式组织提供服务。馆藏范围超出了印刷资料、缩微资料、视听资料等传统范围,延伸到各种电子出版物、电子

信息资源，包容了各种不同的信息格式（录像带、磁带、软盘、光盘等）和信息类型（应用软件、书目文档、全文信息、数值文档、多媒体等）。而且互联技术的应用，使外部信息资源成为图书馆的"虚拟馆藏"，数字图书馆馆藏的完整含义已经变成"实体馆藏＋虚拟馆藏"。实现联网以后的图书馆可以连接到包括各种商业性电子文献传递（供应）中心、联机检索中心、电子杂志中心以及 Internet 等各级网络。这些外部信息资源虽然不属于本馆自身拥有的资源，但由于通过网络能连接和检索到它们并提供给用户，因此，这种资源无形中也就变成了本馆馆藏的一部分，即"虚拟馆藏"。数字图书馆提供的文献信息资源应该包括电子出版物、数据库、音像资料、网上新闻与通告、OPAC 等。

（一）电子出版物类型及其检索

电子出版物包括电子图书、电子期刊、电子报纸等。电子图书是一种重要的电子信息资源，随着多媒体技术和超文本技术的广泛应用，电子图书得到了较大的发展。电子图书的特点是稳定性强，内容比较稳定，它的检索是比较简单的，主要方式是浏览式。它主要通过访问网站对图书目录进行查找和浏览。此外，可以利用搜索引擎如北大天网、google 等查找电子图书。电子期刊在 20 世纪 90 年代开始成为网络出版物的主流，从 1991 年的十几种发展到今天已有上千种，是由于它具有成本低廉、出版周期短、容量大、使用方便灵活、具有搜索功能、表现形式丰富、具备超文本链接功能以及交互性强的特点。

它的种类目前有期刊电子版和只在网上出版的纯电子期刊；有收费订阅型和免费访问型；有将期刊内容都放在期刊所在站点的服务器上的集中型电子期刊，和期刊站点网页只有目录和摘要，而将文章分散在各不同站点的分布型电子期刊等。电子期刊的检索主要包括电子期刊目录检索和电子期刊本身的使用。在网络上有关电子期刊的检索系统除了在网站上访问外还包括美国图书馆协会的电子期刊、快报和学术会议目录；电子期刊虚拟网站；WWW 虚拟图书馆的电子学术期刊目录；中国期刊网等等。在因特网上有非常丰富的报纸资源，最近几年包括美国的《纽约时报》、伦敦的《泰晤士报》、中国的《人民日报》、《光明日报》等均已推出网络版。到 20 世纪 90 年代末、上网报纸已超过 5 000 种。许多网站收录有因特网上的电子报纸目录，读者可根据其网址找到这些电子报纸。网络上电子报纸种类不断增加，内容也更加丰富，其检索和浏览的技术也不断发展。在网上阅读浏览报纸有许多特点，不仅有当天报纸的所有内容，而且还出现诸如"前期回顾"等一些重要链接，进行深入阅读或扩大阅读面，还设有自办的其他信息内容，包括有关信息的背景、事件的前前后后、评论、专题报道等等，并设有"检索"按钮。

（二）数据库

数据库是发展历史最久、影响最广的一种电子信息资源。一般认为数据库有批处理、磁带、便携式数据库、软盘、光盘、联机几种方式。而随着因特网的普及，联机数据库发展迅速，到 1995 年已经达到书目型数据库的一倍。随着视频文字和多媒体技术的应用，多媒体数据库迅速发展。我国数据库的生产也受到了前所未有的重视，近年来我国已建成

《法律条目全文数据库》《红楼梦》《人民日报全文数据库》等几十个全文数据库和《多媒体汉英字典》《多媒体动物百科全书》等多媒体数据库。此外，文摘数据库、索引数据库、书目数据库等制作技术更加成熟。《中国数据库大全》收录的数据库已达 1 038 个。

由清华大学编辑制作的《中国学术期刊（光盘版）》1996 年年底在我国发行，由于其学科覆盖范围广，更新及时，并且提供了一种新的与传统的检索入口和全文检索相结合的检索模式，因此其应用十分广泛。《中国学术期刊（光盘版）》在一定程度上代表了我国电子期刊全文数据库的发展水平。我国在用户利用数据库信息方面，对北京等 11 个城市用户利用数据库信息情况的调查结果表明：我国用户非常熟悉和喜欢利用信息网络检索科研信息和进行文化交流。同时，他们对多媒体信息、电子数据交换（EDI）和多媒体技术等越来越感兴趣。数字图书馆各类数据库有其自己的检索使用方法，需要图书馆人员进行读者培训辅导，指导读者利用各类数据库。如国外的 EBSCO 数据库的检索方式就有 Keyword search，natural language，expert 和 advanced search 四种检索方式，默认 expert 方式，advanced 方式弹出组配检索框。检索途径是提供作者、篇名、刊名、文摘、主题词、ISSN 等检索点。其检索式是字段标识符后空一格，再接检索词等，这些都需要图书馆员的辅导和帮助。

（三）OPAC

联机公共检索目录（Online Public Access Catalog），简称 OPAC，出现于 20 世纪 70 年代中期，随着图书馆自动化各个方面的进步，OPAC 也有了惊人的发展。进入 21 世纪以来，OPAC 有了突破性进展，首先它虽然仍以提供书目数据为主，但随着商业数据库的介入也增加了声音、图像、动画等多媒体数据信息，并且所收入的数据库不仅有文献数据库，还有事实数据库和数值数据库，也有根据馆藏自建的数据库等。它还与全文数据库相链接使之不仅能进行二次文献的查询，还能提供全文检索。由于面对的对象不仅是受过专门训练的图书馆人员，还有没经过训练的普通读者，因此，现在 OPAC 用户界面更加友好，通过菜单系统提示、指导读者准确、快捷地进行操作，还提供详尽的出错信息并及时给出反馈，便于人机对话。而且显示格式符合读者阅读习惯，图文并茂。其检索方式更加灵活，联机服务也更加周到。

四、网络信息资源的组织与展示

数字图书馆的信息环境首先是在因特网上的信息环境。因特网是一个开放的信息平台，在这个平台上聚集有大量的各种信息，所有的信息都是由网站来发布的。当今因特网上有超过 4 000 多万个站点，每天数以亿兆计的信息流量，单靠读者自己是无法浏览阅读的，需要图书馆进行网络信息资源的组织，供读者利用。图书馆网络信息资源的组织是针对网络信息海量、无序、冗余、不稳定的现状，利用图书情报技术对网络信息进行选择、发掘、组织、加工等工作，使相关的网络信息成为本馆的虚拟馆藏，是扩大数字环境下图书馆馆藏的途径。网络信息资源要成为图书馆的虚拟馆藏，必须经过图书馆技术加工，而对整个宏观网络信息系统来说，则提高了网络信息的有序化程度，对网络信息的组织首先要对网络信息进行过滤。其次要对网络信息资源进行评价与选择，对网络信息的形式、内容范围、与其他信息的关系、权威性、时效性、独特性、使用对象、价格等方面进行评价和选择。目前，对网上信息资源进行有序化整理与组织的典型做法是用机读编目格式来完成的。

参考文献

[1] 薛虹.数字技术的知识产权保护 [M].北京：知识产权出版社，2002.

[2] 奉国和.数字图书馆 [M].北京：北京大学出版社，2003.

[3] 张炜.国家数字图书馆服务框架研究 [M].北京：国家图书馆出版社，2012.

[4] 魏大威.数字图书馆理论与实务 [M].北京：国家图书馆出版社，2012.

[5] 黄肖俊，等.数字出版与数字图书馆 [M].北京：电子工业出版社，2013.

[6] 刘晓清.怎样建设数字图书馆 [M].北京：海洋出版社，2010.

[7] 黄梦醒.数字图书馆服务链——服务模式体系架构关键技术 [M].北京：清华大学出版社，2013.

[8] 王芬林，等.数字图书馆发展研究 [M].北京：国家图书馆出版社，2012.

[9] 熊拥军，等.数字图书馆个性化服务研究与实践——基于新型决策支持系统 [M].北京：国防工业出版社，2012.

[10] 黄水清.数字图书馆信息安全管理 [M].南京：南京大学出版社，2011.

[11] 谢春枝.分布式数字图书馆资源整合与服务集成的管理研究 [M].杭州：浙江工商大学出版社，2009.

[12] 刘燕权.数字知识宝库纵览 -- 美国数字图书馆案例精析 [M].北京：海洋出版社，2014.

[13] 魏大威.数字图书馆建设与服务推广研讨会获奖论文 [M].北京：国家图书馆出版社，2012.

[14] 吕淑萍等.图书馆数字资源版权管理实践与案例 [M].北京：国家图书馆出版社，2013.

[15] 徐周亚，龙伟.国家图书馆数字资源对象管理规范（国家数字图书馆工程标准规范成果）[M].北京：国家图书馆出版社，2013.

[16] 吴建华.数字图书馆评价方法 [M].北京：科学出版社，2009.

[17] 袁永久.我国数字信息资源共享建设策略研究 [J].农业图书情报学刊，2011，23（7）：26-28，67.

[18] 姚晓霞，肖珑，陈凌.新世纪十年CALIS的建设发展 [J].高校图书馆工作，2010，（6）：3-6.

[19] 郑铣.医学数字信息资源的开发利用 [J].现代临床医学，2012，38（6）：466-468.

[20] 于新国. 对数字信息资源开放存储的研究 [J]. 价值工程，2012（24）：231-233.

[21] 于新国. 开放存取环境中的我国图书情报类现期期刊资源分析 [J]. 科技文献信息管理，2010，24（4）：27-29，32.